Antje Kluth

Glücksorte in der Oberlausitz

Fahr hin & werd glücklich

Dieses

Glücksbuch

ist für

Liebe Glücksuchende,

lange Zeit kannte ich die Heimat meiner väterlichen Familienhälfte nur aus Erzählungen. Meine erste Reise direkt nach der Wende führte mich bis in die Oberlausitz, die mich fortan nicht mehr losließ. Ich traf auf liebenswerte Menschen, malerische Landschaften, verträumte Dörfer und historische Städte. Nur hier gibt es die hübschen Umgebindehäuser, das rollende R im Dialekt und Teichlmauke auf der Speisekarte. Ich führe Sie zu den Vögeln des Glücks, durch blühende Heidelandschaften, zu lila Mohnfeldern und zwischen schroffe Felsformationen. Das Land ist geprägt von traditionellem Brauchtum, sagenumwobenen Orten und Zweisprachigkeit, denn wir befinden uns im Siedlungsgebiet der Sorben, was man nicht nur an den doppelsprachigen Straßenschildern sieht, sondern bei vielen Festen erleben kann, zu denen Jung und Alt ihre Trachten tragen. Das alles macht die Gegend zu einer Herzensangelegenheit, die ich mit Ihnen teilen möchte. Wir erleben den deutschen Teil der Oberlausitz und Radeberg am Rande. Gehen Sie mit mir an die schönsten Orte auf Glückssuche. Sie werden mehr Glück finden als erwartet.

Ihre Antje Kluth

Deine Glücksorte ...

… noch mehr Glück für dich

Im Umgebindeland

1 Entdeckertour im Denkmalort Obercunnersdorf

Wenn es einen Ort gibt, der jeden verzaubert, dann ist das Obercunnersdorf. Nicht ohne Grund erhielt das Dorf von der UNESCO den Ehrennamen Denkmalort. Das Besondere hier sind die über 250 gut erhaltenen und liebevoll gepflegten Umgebindehäuser, eins neben dem anderen.

Die einzigartige Volksbauweise zählt zu den bedeutendsten in ganz Europa und ist in der Oberlausitz in vielen Ortschaften anzutreffen. Der Variantenreichtum und das typische Aussehen dieser Häuser zeigen sich in Obercunnersdorf sehr eindrucksvoll. Herzstück eines Umgebindehauses ist – neben einem gemauerten Teil – die Wohnstube, für die wie bei einem Blockhaus Holzbohlen übereinandergefügt werden. Um das Gewicht von Obergeschoss und Dach abzufangen, setzt man vor das Blockhaus eine bogenförmige Tragekonstruktion, die den oberen Fachwerkhausteil abstützt. Die Säulenbögen umbinden dabei das Blockhaus im Erdgeschoss, daher der Name Umgebindehaus.

Beim Spaziergang durch das Dorf fallen die vielen hübschen Details ins Auge. Die Rundbögen um die Blockstuben umrahmen blumengeschmückte Fenster. Die Obergeschosse zeigen teilweise Fachwerk, sind aber meist mit Schiefer verkleidet, angeordnet zu schönen Motiven oder verziert mit weißen Ornament- und Tupfenmustern.

Ergänzt wird die romantische Häuseridylle durch bäuerlich angelegte Gärten, eingefasst von niedrigen Holzzäunen. Stimmungsvoll fügt sich ländlicher Zierrat ein: hier eine rustikale Bank, dort eine alte Pumpe, steinerne Wassertröge und gestapelte Holzscheite vor der Tür. Jedes Zuhause ein kleines Paradies. Es mutet an wie ein Freilichtmuseum. Als sei die Zeit einfach stehen geblieben. Fast lässt sich spüren, wie hier das ländliche Leben einmal gewesen sein muss und in diesem Dorf wohl teilweise noch ist. Eine Traumreise in die Vergangenheit gelingt am besten im „Schunkelhaus", dem ältesten Gebäude von ca. 1740. Im Inneren erinnert die originale Einrichtung an die Lebensweise der Leineweber, die hier einst wohnten und arbeiteten.

● Denkmalort Obercunnersdorf, 02708 Kottmar, OT Obercunnersdorf
www.sachsensdoerfer.de
● ÖPNV: Ab Bahnhof Löbau Bus 36,
Haltestelle Obercunnersdorf Touristinformation

Auf zu den Steintieren!

2 Töpfer – das Stonehenge bei Oybin

Wandern, Klettern, Bergsteigen, Aussicht genießen. Wo kann man das besser als im Zittauer Gebirge? Beliebtes Ziel ist der Töpfer, ein Bergmassiv aus Sandstein bei Oybin im Dreiländereck zu Tschechien und Polen. Beliebt zum Beispiel deshalb, weil es hier kuriose Felsformationen gibt. Ein ganzer Zoo aus naturgewachsenen Steintieren tummelt sich auf den Felsen: Schildkröte, Papagei, Nilpferd, eine brütende Henne, und sogar einem Saurier kann man begegnen. Ganz besonders reizvoll ist die Mischung aus hohen Felsen und Wald mit einem guten Wegenetz. Aber auch Kletterbegeisterte finden ihren Spaß an den steilen Wänden.

Für den Aufstieg braucht der Wanderer je nach Route ein bis zwei Stunden. Wer nicht so gut zu Fuß ist, kann von Mai bis Oktober den Gebirgsexpress nehmen, der jede Stunde seine Fahrgäste auf den Gipfel bringt. Oben lädt die urige Töpferbaude zu einer Erfrischung oder Stärkung ein. Geradeaus geht es zum Gipfelplateau mit dem Europakreuz. An dieser Stelle offenbart sich ein fantastischer Panoramablick, der vom Zittauer Becken über den polnischen Tagebau Turów bis nach Tschechien reicht.

Highlight hier oben ist das Felsentor, ein markantes Gesteinsmassiv, dessen Plattform das Gipfelkreuz noch mal um einige Meter übersteigt. Eine Wendeltreppe führt hinauf und ermöglicht einen imposanten 360-Grad-Ausblick.

Besonderheit ist aber nicht nur die grandiose Aussicht, sondern ein ganz spezielles Naturphänomen: Stellt man sich zur Sommer- und zur Wintersonnenwende genau vor das Felsentor, zeigt sich die Sonne exakt in der Tormitte. Auch bei Sonnenauf- und -untergang des Frühlings- und Herbstanfangs blitzt das Sonnenlicht durch diesen Spalt. An allen anderen Tagen des Jahres lässt sich die auf- und untergehende Sonne aus verschiedenen Blickwinkeln und in unterschiedlichen Gesteinsfenstern beobachten. Eine wahre Kultstätte, die etwas Mystisch-Spirituelles hat. Sie erinnert an Heiligtümer vergangener Zeiten, an die berühmten Sonnenuntergänge von Stonehenge …

- Töpfer, Info: Haus des Gastes, 02797 Oybin, Tel. (03 58 44) 7 33 11 www.oybin.com
- ÖPNV: Ab Bahnhof Oybin, Gebirgsexpress, Haltestelle Töpfer

Lutkis gibt's wirklich!

3 Zwerge um die Schrotholzscheune Elsterheide

Im hübschen Elsterheide steht ein märchenhaft anmutendes Holzhaus, aus geschroteten Balken zusammengefügt. Davor ein Kräutergarten, in dem 50 Pflänzchenarten für allerlei Geschmackserlebnisse oder als Hausmittelchen gegen Krankheiten zu finden sind. Angebaut wurden sie von Birgit Pattoka, die in diesem Paradies ihre Werkstatt und eine bezaubernde Ausstellung eingerichtet hat. Sie ist Glas- und Porzellanmalerin und das urige Holzhaus die einstige Scheune ihrer Eltern. Drinnen gibt es wunderschöne Dinge zu bestaunen, zum Beispiel die sorbische Vogelhochzeit, dargestellt durch liebevoll bemalte Eier mit Vogelmotiven. Und natürlich die hinreißenden Glas- und Porzellanmalereien der Künstlerin.

Wer sie besucht, den empfängt sie in ihrer Alltagstracht mit sorbischem Gruß. Ihre Gäste entführt sie im Kräutergarten in die Küchenwelt alter Zeiten und die des Einweckens. Dann geleitet sie die Besucher hinters Haus zu einem kleinen Hügelchen, dem Lutkiberg, wo – wie die Sage erzählt – die Lutkis lebten. Die Zwerge haben an seinem Fuß alles erbeten, was sie selber nicht hatten, und dazu benutzten sie die Nicht-Sprache: „Wir wollen nicht haben euren Nichtbacktrog. Wir wollen nicht haben euren Nichtbrotschieber." Frau Pattoka beherrscht die Lutki-Sprache perfekt, und man muss schon genau hinhören, um sie zu verstehen. Wenn man ganz großes Glück hat, tauchen aus dem Nichts plötzlich kleine rot bemützte Zipfelzwerge auf. Frau Pattoka hat nämlich beim Kindergarten in Sichtweite einen Stein im Brett. Wenn eine Reisegruppe erspäht wird, werden ein paar kleine Lutkis im Kindergarten ausgewählt, die die Gäste überraschen und ihnen mit lustigen Sprüchen ein breites Lächeln ins Gesicht zaubern.

In der oberen Etage der Scheune reichen die Fenster bis zum Boden und bieten eine herrliche Aussicht. Fragt man Frau Pattoka, was sie an diesem geliebten Ort so glücklich macht, glänzen ihre Augen: „Von hier kann man den Regenbogen im Ganzen beobachten."

- Schrotholzscheune Pattoka, Am Anger 43, 02979 Elsterheide, Tel. (0 35 71) 42 68 08, www.schrotholzscheune-pattoka.de
- ÖPNV: Ab Bahnhof Hoyerswerda Bus 792, Haltestelle Bergen b HY Gasthaus

Eingemeißeltes Glück

4

Auf der Spur der Steine in Hoyerswerda

Es gibt viele Formen von Glück. Mutter und Kind, eine Liegende im Gras, eine aufbrechende Frucht, Mann und Frau, ein Liebespaar, Gedanken des Friedens, ein lesender Junge, ein rosa Traum, die Quelle des Lebens oder der Baum des Glücks. All das sind Namen von über fünfzig Skulpturen, die auf neun Symposien zwischen 1975 und 1989 entstanden sind. Künstler der DDR, der ČSSR, aus Polen, Ungarn, Rumänien, der Sowjetunion und aus Bulgarien haben im öffentlichen Raum von Hoyerswerda ihre Ideen zu neun Themen in Stein gemeißelt. „Friede, Glück, Freundschaft" hieß das Motto des ersten Symposiums, „Das Lied vom Glück" war Leitthema im Folgejahr, „Immer lebe die Sonne" bestimmte ein anderes Mal die Arbeiten der Künstler. Was für schöne Inspirationen!

TIPP

Der Plan „Spur der Steine" ist in der Kulturfabrik, im Schloss und in der Touristinfo kostenlos erhältlich.

Aufgestellt wurden damals die meist menschlichen Darstellungen in den Wohnkomplexen der einst sozialistischen Hoyerswerda-Neustadt. In sechs verschiedenen Grünanlagen und Parks kann man die Ergebnisse der Symposien erkunden. Als einziger Altstadtstandort beherbergt der Woyski-Park die Kunstwerke von 1977.

Im Jahr 2009 wurde auf einem Plattenbau-Abrissgelände in Hoyerswerda-Neustadt ein Skulpturengarten angelegt. Dazu wurden die Werke aus dem ersten Symposium umgesetzt, neu angeordnet und mit Spiegeln versehen, was beim Betrachter ein ganz spezielles Erlebnis erzeugt. Interessant ist dabei auch die Hintergrundkulisse von sanierten Plattenbauten, die inzwischen unter Denkmalschutz stehen, weil sie die ersten Plattenbauten der DDR waren. Schön, dass die Künstler immer ein gemeinschaftliches Werk hinterließen. Bestimmt eine glückliche Zeit des gemeinsamen Schaffens. So verschieden die Künstler sind, so unterschiedlich sind zum Glück auch ihre Interpretationen der Themen. Dazu passt das Motto des neunten und letzten Symposiums nach dem Goethe-Zitat zum Weltfriedenstag: „Alle Menschen machen die Menschheit aus, alle Kräfte zusammengenommen die Welt."

Am besten, man startet in der Altstadt, zu Fuß oder mit dem Fahrrad.

- Spur der Steine, Jürgen-von-Woyski-Park, Heinrich-Heine-Straße/Friedrichstraße, 02977 Hoyerswerda
- ÖPNV: Bahnhof Hoyerswerda (800 Meter zu Fuß); Bus 1, 2, Haltestelle Heinrich-Heine-Straße

Von Neumond bis Vollmond

5

Drehendes Schauspiel am Rathaus von Löbau

Im historischen Stadtkern der hübschen Stadt Löbau findet man manche romantische Gassen und Plätze. Gepflasterte Straßen und alte Laternen ergänzen die malerische Häuserkulisse. Am Altmarkt, wo sich barocke Bürgerhäuser aneinanderreihen, fällt der Blick unwillkürlich auf das eindrucksvolle Rathaus mit seinem mittelalterlichen Turm aus dem 14. Jahrhundert, der als einziges Relikt zwei Stadtbrände überstanden hat. Im Laufe der Zeit wurden Teile des Gebäudes wiederaufgebaut, verändert und rekonstruiert.

Mit seinen Zinnen und dem kleinen Zinnentürmchen obendrauf erinnert der Turm an eine Ritterburg aus dem Märchenbuch. Geschmückt werden die Ost- und Südseite je mit einer Sonnen- und einer Zeituhr. Erst beim zweiten Blick sieht man als besondere Attraktion die Mondphasenuhr. Zur besseren Betrachtung wurde auf dem Marktplatz, etwa 25 Meter vom Rathausturm entfernt, ein Kreis eingepflastert. Von diesem Standort aus hat man den idealen Blick auf die halb goldene, halb schwarze Mondkugel. Je nachdem, ob es gerade auf Neumond oder Vollmond zugeht, dreht sich die Kugel in die entsprechende Position und zeigt durch mehr sichtbares Schwarz oder Gold die exakte Mondphase an. Damit ist die Uhr in Europa einzigartig.

TIPP

Das Rathaus kann man währen der Öffnungszeiten besichtigen.

Horst Büschel aus Sohland hat mit dem Bau und der Programmierung dieser Uhr sein Lebenswerk geschaffen. Der echte Mond bewegt sich auf seiner Laufbahn nämlich sehr unregelmäßig. Daher muss die Mondkugel so programmiert werden, dass sie genau dem Umlauf des richtigen Mondes entspricht. Für ein Mondjahr sind 260 Programme notwendig, die Herr Büschel jedes Jahr neu berechnet und von Hand in den Schaltcomputer eingibt.

Ein Highlight auf dem Ziffernblatt der Zeituhr ist der nach altem Vorbild geschaffene Judutenkopf, der die Gerichtsbarkeit darstellt. Er öffnet seinen Mund bei jedem Viertel- und Vollstundenschlag. Eine Sage erzählt, dass sich ein Sperling einst darin verirrte und so lange ausharren musste, bis die Kinnlade herabsank und ihn wieder in die Freiheit entließ.

- Rathaus Löbau, Altmarkt 1, 02708 Löbau
  www.loebau.de
- ÖPNV: Bahnhof Löbau (600 Meter zu Fuß)

Zwei Dörfer in einem Haus

6

Neues in alter Grenzschänke von Friedersdorf

Keine zehn Meter von der Spree entfernt, befindet sich der Eingang zu einem historischen Umgebindehaus mit einer ganz speziellen Geschichte: Bis ins 15. Jahrhundert war Friedersdorf ein einziger Ort. Um 1490 zerfiel er in zwei Besitztümer mit den Namen Oberfriedersdorf und Niederfriedersdorf und blieb bis 1938 geteilt. Mitten auf dieser Grenze wurde im Jahre 1768 besagtes Umgebindehaus errichtet, seinem Zweck und Ort gemäß mit dem Namen Grenzschänke. Bis heute wird die Schanktradition fortgeführt, und so kommt es, dass in Niederfriedersdorf gekocht und in Oberfriedersdorf serviert und gegessen wird, denn hier steht der Blockstubenteil mit dem Gastraum, während die Küche im gemauerten Steinbauteil des Umgebindehauses untergebracht ist.

TIPP

Direkt vor dem Haus befinden sich der Biergarten und eine Brücke mit Wehr über die Spree.

Schon von außen wirkt das Gebäude, als stünde es in einem Freilichtmuseum. Gestapeltes Holz vor der Tür, bäuerliche Gerätschaften und historische Küchenutensilien, ein schöner Granitsteintürstock und Sprossenfenster unter den Rundbögen. Drinnen bezaubert die urige Blockstube mit unzähligen Relikten aus Großmutters Zeiten, von der Blechmilchkanne bis zur Holzsuppenkelle.

2020 zog mit den neuen Inhabern Jana und Daniel Lindner frischer Wind in die alten Gemäuer ein. Unter Beibehaltung des historischen Ambientes wurde die komplett neue Küche durch eine Glasscheibe für jedermann sichtbar gemacht. Hier lässt sich der Wirt beim Kochen zuschauen. Toll, was er da für seine Gäste zaubert. Erlesene Speisen, kunstvoll angerichtet, sind nicht nur ein Gaumen-, sondern auch ein Augenschmaus. Köstlicher Fisch auf frischem Gemüse und Rösti mit Blümchendeko duftet nicht nur lecker, sondern ist ein Fest für die Zunge. Die Speisekarte ist klein, wechselt aber alle zwei Wochen komplett und enthält internationale Kreationen. Von spanischer Gazpacho über Tiroler Spinatknödel, Erdbeerdessert mit Schlagobers bis zu Oberlausitzer Käse mit Rhabarber-Chutney. Da gibt es nur eins: Öfter kommen und sich immer wieder neu verwöhnen lassen!

- Lindners Grenzschänke, Grenzschänkstraße 7, 02742 Neusalza-Spremberg, OT Friedersdorf, Tel. (03 58 72) 29 99 68, www.lindners-grenzschaenke.de
- ÖPNV: Ab ZOB Löbau Bus 50, Haltestelle Friedersdorf Gemeindeverwaltung (400 Meter zu Fuß)

Dufterlebnis mit Zuckerguss

7

In der Pulsnitzer Pfefferkuchen-Schauwerkstatt

Mitten im Sommer duftet es würzig-vertraut, erinnert an heimelige Winterabende in der Weihnachtszeit und schmeckt einfach himmlisch: Pfefferkuchen, frisch aus dem Ofen.

In der Oberlausitz gibt es einen Ort, wo man sich auf das Backen und Verzieren dieser wunderbaren Leckerei spezialisiert hat. Und zwar das ganze Jahr über! Pulsnitz heißt das hübsche Städtchen mit seinem historischen Pflasterstein-Marktplatz, im Zentrum ein Brunnen, umgeben von einem bunten Mix blumenbepflanzter Gebäude und Giebelhäuser. Die ziegelgedeckten Dachformen variieren mit ihren Bogen- und Erkerfenstern und verschmelzen trotz der Verschiedenartigkeit zu einem harmonischen Ganzen.

Direkt am Markt befindet sich die Pfefferküchlerei Max Spitzer, ein kleiner Laden, in dessen Backstube die herrlichsten Pfefferkuchen, Lebkuchen, Honig- und Mandelkuchen von Hand hergestellt werden. Die Köstlichkeit in Form von Schaukelpferd, Schmetterling oder Schultüte ist mit Schokolade, Mandeln und buntem Zuckerzeug verziert oder mit leckerer Marmelade gefüllt. Das Sortiment ist reichhaltig, und man sollte es nicht versäumen, ein paar Kostproben mit nach Hause zu nehmen.

TIPP

Zum Selberbacken, Verkosten und Besichtigen vorher anmelden. Problemlos auch für zwei Personen.

Auf der anderen Seite des Platzes liegt das Pfefferkuchenmuseum mit Schauwerkstatt. Hier kann man nicht nur alles über das Pfefferkuchenhandwerk erfahren und historische Gerätschaften bestaunen, sondern man darf für zwei Euro selber seinen künstlerischen Ideen freien Lauf lassen. Zur Verfügung stehen quietschbunte zuckergussgefüllte Spritztüten, mit denen man einen Rohling nach Wahl unter Anleitung oder in Eigenregie verzieren kann. Ein köstliches Einzelstück entsteht, vielleicht zum Verschenken und garantiert mit Liebe selbst gemacht. Das Zuckergussmalen in Rot, Gelb und Blau auf den duftenden Lebkuchen verschafft wahre Glücksmomente, besonders wenn man mit seinem eigenen Kunstwerk in der Hand stolz die Werkstatt verlässt. Fast zu schade zum Essen. Aber dafür gibt es in Pulsnitz ja noch genug Pfefferküchlereien, wo man nach Herzenslust einkaufen kann.

- Pfefferkuchenmuseum im Haus des Gastes, Am Markt 3, 01896 Pulsnitz, Tel. (03 59 55) 4 42 46, www.pulsnitz.de
- ÖPNV: Bahnhof Pulsnitz Süd (300 Meter zu Fuß)

Flügel fast bis zum Boden

8

Die historische Berndt-Mühle in Oderwitz

Herr Moeller ist Schwabe. 2006 kam er beruflich nach Sachsen. Obwohl sein Name fast wie „Müller" klingt, ist er keiner. Dennoch besitzt er eine historische Bockwindmühle, die älteste von Oderwitz aus dem Jahre 1786. Dazu gehört ein Umgebindehaus von 1600, keine zehn Meter daneben, das er ebenfalls sein Eigen nennt. Inzwischen ist er Experte in Sachen Windmühlen. Er erzählt von der Arbeit und den Geschicken der ehemaligen Besitzerfamilie Berndt und erklärt fachmännisch die Konstruktion dieses historischen Bauwerks: „Bei einer Bockwindmühle wird das ganze Haus gedreht. Die Flügel reichen bis auf einen halben Meter fast auf den Boden. Das ist sehr gefährlich. Sieben Tonnen drehen sich mit 17 Umdrehungen pro Minute von der Hauptwelle aus, alle paar Sekunden kommt ein Flügel vorbei. Vor solchen Mühlen gab es oft schlimme Unfälle, wenn man nicht aufpasste oder Kinder beim Spielen durch die sich drehenden Flügel springen wollten."

TIPP

Führung nach Absprache. Alle fünf Mühlen in Oderwitz können besichtigt werden.

Die Mühle hat zwei Türen. Die untere führt in Werkstatt und Lager, durch die obere gelangt man über eine Treppe in den Arbeitsraum. Innen gibt es einen Fahrstuhl für drei Etagen, um Getreide und Mehlsäcke ins Obergeschoss auf den Mehlboden und ins Dachgeschoss auf den Steinboden mit den Mühlsteinen zu transportieren. Das Mehlmahlen war sehr anstrengend. 13 Mal musste gemahlen werden, bis das Mehl fein genug war. Immer wieder wurde es erneut hinauftransportiert.

Auf dem Mehlboden befindet sich eine Schlafstube, eingerichtet nach historischem Vorbild. Wenn der Wind günstig war, wurde Tag und Nacht gemahlen. Nach 20 Stunden war der Müller müde, konnte die Mühle aber nicht alleine lassen. Welches raffinierte Wecksystem im Fall einer Störung zum Einsatz kam, darf hier nicht verraten werden. Das muss schon jeder selbst herausfinden. Eine sehenswerte und unterhaltsame Führung mit einem Menschen, dessen Herz und Engagement dem ehrenamtlichen Erhalt eines Kulturguts gewidmet ist.

Dauer der Führung nach Interesse; jeder bezahlt, was ihm der Besuch wert ist.

- Berndt-Mühle, Familie Moeller, Hintere Dorfstraße 14 a, 02791 Oderwitz, Tel. (03 58 42) 2 91 64 oder (01 72) 3 49 36 90, www.berndt-muehle.de
- ÖPNV: Bahnhof Oberoderwitz (700 Meter zu Fuß)

Abrakadabra

9

Der Hexenmeister Martin Pumphut in Wilthen

Wen es nach Wilthen führt, der kommt nicht an ihm vorbei: dem Hexenmeister Martin Pumphut. Er gilt als Wahrzeichen der Stadt und ist an mehreren Stellen im und um den Ort anzutreffen. Schon auf dem hölzernen Ortseingangsschild ist sein Kopf zu sehen, liebevoll geschnitzt in eine große überdachte Willkommensholztafel. Lebensgroße Holzfiguren der Sagengestalt stehen am Rondell auf der Straße zum Bahnhof und vor der Waldgaststätte Jägerhaus am Fuße des Mönchswalder Berges, wo 1939 die erste Pumphutfigur aufgestellt wurde. Sogar eine Grundschule ist nach ihm benannt, und das Grillhaus der Mönchswalder Bergbaude hat gar die Form eines riesigen Pumphuts.
Die Geschichte des Schalks ist leicht erzählt: Pumphut erblickte einst als armer Bauernsohn in Spohla das Licht der Welt. Dort erlernte er das Müllerhandwerk. Auf seiner Wanderschaft als Müllerbursche zog er ins Vogtland, nach Böhmen und in die Oberlausitz von einer Mühle zur anderen, wo er hart arbeitete. Waren die Müller freundlich und gaben ihm guten Lohn, machte er gerne lustige Späße, boshafte und habgierige Müllersleute dagegen bestrafte er mit derben Scherzen: Er ließ das Mehl schimmelig werden, das Wasser versickern oder die Mühlsteine zerbrechen. Durch seine magischen Kräfte und Zaubereien wurde er auch „Hexenmeister der Oberlausitz" genannt. Den Namen Pumphut erhielt er, weil er auf seiner Wanderschaft immer einen hohen, breitkrempigen Hut aufhatte, wie ihn damals die Pumpenbauer trugen.

TIPP

Pumphut zum Mitnehmen: als Räuchermann, Figur oder Kräuterlikör „Pumphuts Zaubertrank".

Wer sich auf Pumphuts Wanderstrecke begeben möchte, kann sich über den „Wilthener Pumphutsteig" auf den Weg machen. Der Rundwanderweg ist mit Sagentafeln und anderen Überraschungen versehen, hat wunderbare Aussichtspunkte und Bänke zum Rasten. Und zum Beweis, dass man den Weg geschafft hat, gibt es acht Stempelstellen.
Als Belohnung für den Aufstieg auf den Mönchswalder Berg steht auf dem Gipfel ein Aussichtsturm, der eine herrliche Sicht in alle Himmelsrichtungen gewährt. Davon lässt man sich doch gerne verzaubern.

- Hexenmeister Martin Pumphut, Verkehrsinsel Bahnhofstraße, 02681 Wilthen
- ÖPNV: Bahnhof Wilthen (250 Meter zu Fuß)

Pumphut
Der Hexenmeiſter
der Oberlauſitz

Im Gewand der Sorben

10 Trachtenhaus und Trachtenstube in Hoyerswerda

Liebhaber historischer Trachten finden ihr Glück garantiert in Hoyerswerda. Seit nunmehr 95 Jahren ist hier in fünfter Generation das Trachtenhaus Jatzwauk ansässig. Die Familie hat sich dem Erhalt und der Pflege Lausitzer Trachten und sorbischen Brauchtums verschrieben, und das mit Herzblut und Leidenschaft. Der sorbische Kaufmann Johann Jatzwauk gründete einst hier eine Werkstatt für sorbische Volkstrachten mit einem Laden. Er war der Urgroßvater von Kirsten Böhme, die viel von den Hochs und Tiefs des Traditionsunternehmens zu berichten weiß. Sie ist Sachverständige für historische Trachten und arbeitet neben ihrem Beruf als Architektin an dem Erhalt originaler Gewänder. Kostbare Kleidung wird restauriert, Fehlendes und Verschlissenes ersetzt, geflickt und ausgebessert. Dazu benutzt sie teilweise originale Borten, Bänder, Knöpfe oder Stoffe, wovon es nur noch wenige gibt. Was nicht mehr zu beschaffen ist, muss nach altem Vorbild nachproduziert und durch Neues ersetzt werden. Historische Blaudruckstoffe zum Beispiel wurden für die originalen sorbischen Trachten beidseitig bedruckt und in Doppelblau, also in zwei Farbtönen, gefärbt. Das macht nur noch eine einzige Werkstatt in Coswig.

TIPP

Die Trachtenstube ist auch Treffpunkt zum Kaffeetrinken oder traditionellen Ostereiermalen. Geöffnet mittwochs und nach Voranmeldung.

Das Trachtenhaus geht über mehrere Etagen, in denen es Reste historischer Materialien, eine Trachtenwerkstatt, ein Blaudruckkabinett, einen Laden und eine Trachtenschatzkammer gibt. Dort sind Trachten zu bestaunen, die hundert Jahre und älter sind. Und im Haus nebenan lagert ein Fundus zum Versorgen und Ausleihen. Zu besonderen Gelegenheiten tragen Familien, Tanz- und Brauchtumsgruppen die schönen Gewänder. Ob Hochzeit, kirchlicher Feiertag oder Volksfest – es gibt genug Anlässe. Aber auch Touristen können sich mit den wunderschönen Trachten ankleiden lassen und einen Fototermin gleich mitbuchen oder selber knipsen. Sollte also jemand davon träumen, einmal in einer so schönen Tracht zu stecken – hier wird der Wunsch erfüllt, und man kommt sich gleich vor wie eine Prinzessin im Festtagsgewand.

- Trachtenhaus Jatzwauk, Senftenberger Straße 19, 02977 Hoyerswerda, Tel. (0 35 71) 41 65 50, www.trachtenhaus-jatzwauk.com
- ÖPNV: Ab Bahnhof Hoyerswerda Bus 4, Haltestelle Kastanienhof (200 Meter zu Fuß)

Grüsse
aus Burg im
Spreewald

Wandern ohne Gepäck

11 Unterwegs auf dem Oberlausitzer Bergweg

Wandern kann man in der Oberlausitz überall. Für Bergbegeisterte, Erlebnisfreudige und Entdecker per pedes gibt es jedoch eine besonders schöne Strecke, die auf 118 Kilometern Länge über die wichtigsten Erhebungen des Oberlausitzer Berglandes und des Zittauer Gebirges führt: der Oberlausitzer Bergweg. Eingeteilt ist die Route in sechs Etappen. Jede davon hat ihren eigenen Reiz, punktet mit beeindruckenden Sehenswürdigkeiten, spektakulären Aussichten, intensiven Naturerlebnissen, wald- und felsenreichen Bergen zum Erklimmen und Tälern mit hübschen Ortschaften. Vorbei geht es an historischen Umgebindehäusern, alten Windmühlen, fließenden Gewässern, klaren Seen und malerischen Schilflandschaften. Bergaufwärts führt der Weg zwischen schroffen Felsen zu urigen Bauden, die zur Einkehr ebenso einladen wie manches Heimatmuseum im Tal. Schöne Plätze, grüne Wiesen und frischer Waldduft lassen das Wandererherz höherschlagen.
Die Teilabschnitte des Oberlausitzer Bergwegs sind zwischen 12 und 28 Kilometer lang, also gut in Einzeltouren zu bewältigen. Einstiegstellen sind Neukirch/Lausitz – Sohland a. d. Spree – Schönbach – Eibau – Waltersdorf – Oybin – Zittau. An den einzelnen Etappenzielen stehen die Oberlausitzer Wanderhotels bereit, deren Wirte als besonderen Service ihre Gäste vom Bahnhof abholen, Lunchpakete zum Mitnehmen anbieten und das Gepäck zum nächsten Hotel transportieren. So können Wanderer unbeschwert und leichten Fußes das nächste Ziel angehen. Auch ein Rücktransfer zum Ausgangsort ist möglich. „Wandern ohne Gepäck“ lautet das gemeinschaftliche Motto der miteinander verbundenen Oberlausitzer Wanderhotels. Wie schön, ohne Schlepperei unterwegs zu sein! Da kann man sich am Abend entspannt in die Kissen kuscheln, die schönsten Momente noch einmal Revue passieren lassen und sich auf den kommenden Wandertag freuen.
Der Oberlausitzer Bergweg startet auf dem Valtenberg mit Bergbaude und Aussichtsturm – der erste tolle Glücksort auf der Wanderung!

● Oberlausitzer Bergweg, Tel. (0 35 83) 7 97 64 00, www.oberlausitzer-bergweg.de Start: Gipfel des Valtenbergs, nur zu Fuß; ab Neukirch/Lausitz Bahnhof West (5 km Fußweg, steil) oder Ost (6,5 km bequem, mit Parkplatz); erstes Wanderhotel: Gaststätte Erbgericht, Dresdner Straße 1, 01904 Neukirch/Lausitz, www.erbgericht-neukirch.de ● ÖPNV: Ab Bahnhof Bischofswerda Bus 181, Haltestelle Neukirch Eiche

Von Görlitz nach Zgorzelec

12 Glück auf der Altstadtbrücke in Görlitz

Mit über 4000 Baudenkmälern könnte man die gesamte Görlitzer Altstadt eigentlich als einen einzigen Glücksort bezeichnen. Wo sonst kann man so viel Historie einatmen: Mittelalter, Renaissance, Barock, Gründerzeit, Jugendstil – alle Stilepochen in Stein erbaut und liebevoll restauriert. Die Altstadt muss man einfach zu Fuß erobern. Auf Schritt und Tritt reich verzierte Torbögen, historische Arkaden, Giebelhäuser, gepflasterte Plätze mit verspielten Brunnen und verträumte Gässchen. Unübersehbar erreicht man die zweitürmige Peterskirche. Hinter dem Gotteshaus gelangt man zur Neiße, die von der Altstadtbrücke überspannt wird.

Auf dieser Brücke lohnt es sich innezuhalten, denn sie verbindet die Städte Görlitz am West- und Zgorzelec am Ostufer. Mitten durch die Neiße verläuft die Grenze zwischen Deutschland und Polen. Schaut man zurück, zeigt sich ein unvergesslicher Blick auf die Skyline von Görlitz, in deren Zentrum sich majestätisch die Kirche erhebt. Im Vordergrund steht im Wasser ein altes Gemäuer mit einer Säule, die in den Deutschlandfarben die Landesgrenze markiert. Auf der Plattform ist eine Terrasse mit dem weißen ehemaligen Turbinenhaus der 1928 abgerissenen Vierradenmühle. Aus dem alten Gebäude wurde eine Gaststätte mit einem Glasboden, durch die sich die Turbine beobachten lässt.

Blickfang der anderen Brückenseite ist ein hoher Turm, das Getreidesilo der einst abgebrannten Dreiradenmühle. Geschmückt ist der Turm mit einem Gesicht und einer Hand, die das Vereinigte Europa darstellen, denn die Brücke zwischen den beiden Städten, 1945 gesprengt und nach dem EU-Beitritt Polens wieder aufgebaut, ist ein beispielloses Symbol der Vereinigung. Ein glücklicher Ort also. Und wenn man die Brücke überschreitet, kann man nicht nur in wenigen Schritten einen Einblick nach Polen gewinnen, sondern auch eine atemberaubende Sicht auf Görlitz genießen, egal ob man links oder rechts am Ufer entlangspaziert. Welch ein Glück, dass es hier keine Grenzposten mehr gibt.

- Altstadtbrücke, Ecke Uferstraße/Neißstraße, 02826 Görlitz
- ÖPNV: Straßenbahn 1, 2, Bus B, D, Haltestelle Jägerkaserne (700 Meter zu Fuß); Bus D, Haltestelle Nikolaiturm (400 Meter zu Fuß)

25 Zacken

13

Beim Spitzeldreher vom Herrnhuter Stern

Fast jeder, der in der Advents- und Weihnachtszeit aufmerksam durch die Straßen geht, hat ihn schon mal gesehen: einen ganz besonders schönen, meist roten oder gelben Stern, der viele Fußgängerzonen, Häuser oder Einkaufspassagen schmückt. Vor allem in der Dunkelheit, wenn er herrlich leuchtet, löst er beim Betrachter feierliche und heimelige Gefühle aus.

Dieser Inbegriff des klassischen Weihnachtssterns kommt aus der Oberlausitz und wird in der Herrnhuter Manufaktur seit über 120 Jahren von Hand gefertigt. Der Ursprung aller Weihnachtssterne wurde Anfang des 19. Jahrhunderts in den Internatsstuben der Brüdergemeine im Mathematikunterricht zum geometrischen Verständnis aus Pappe gebaut. Aus dem Sternebasteln wurde ein Brauch, und bald bot man die ersten Sterne zum Kauf an. Das von Pieter Hendrik Verbeek gegründete Traditionsunternehmen falzt und klebt bis heute Sterne aus 17 viereckigen und acht dreieckigen Zacken. Besucher können den geschickten Händen bei der Arbeit zusehen. Es riecht nach Papier; Ruhe und Konzentration erfüllen den Raum. Die Spitzeldreher formen Zacke für Zacke mit der Hand zu Kegeln. Nach dem Trocknen bestreicht der Rähmchenkleber vier- und dreieckige Papprähmchen mit Leim. Die darauf fixierten Zacken erhalten so ihre richtige Form. Der kleinste Stern von 13 Zentimetern Durchmesser wird mit einem Messer gefalzt und mit Pinsel und Pinzette in 90-minütiger Arbeit zusammengeklebt. Seit 1982 werden die Sterne aus wetterfestem Kunststoff gefertigt und schmücken nun nicht nur Wohnstuben, sondern auch Hausgiebel, öffentliche Plätze, Kirchen und Einkaufsstraßen.

Die Vielfalt an Verwendungsmöglichkeiten überrascht, wenn man den Verkaufsraum betritt. Auf Holzständern für drinnen, hängend in modernen Metallbögen für den Garten, als Lichterkette, in Blumengestecken, Glasschalen oder auf Osterkränzen dekoriert, mit grünen oder blauen Zacken, aber auch zweifarbig in Blau-Weiß oder Rot-Gelb. Es fällt schwer, dem Haben-Wollen zu widerstehen.

TIPP

Wer mag, kann sich selbst einmal als Spitzeldreher ausprobieren oder seine Kinder zum Sternebasteln anmelden.

● Herrnhuter Sterne GmbH, Oderwitzer Straße 8, 02747 Herrnhut, Tel. (03 58 73) 3 64-0, www.herrnhuter-sterne.de
● ÖPNV: Bahnhof Herrnhut (600 Meter zu Fuß)

Statt Campingzelt

14 Übernachten in DDR-Garagen in Görlitz

Wie lassen sich leerstehende Industriegebäude sinnvoll nutzen? Der Görlitzer Danilo Kuscher hat sich dazu Gedanken gemacht und auf einem unbrauchbar gewordenen Werksgelände ein ehemaliges DDR-Kühlhaus am Bahnhof in Weinhübel zunächst in eine Location für Technopartys verwandelt. Nach und nach kamen ihm neue Ideen. Inzwischen beherbergt das Gebäude Räume für Start-ups, Gewerbeflächen, es dient als Treffpunkt für Künstler, Touristen, Familien und Akteure, bietet Kultur- und Freizeitangebote sowie Kreativwerkstätten. Die ehemaligen Lagerhallen bieten Platz für Theater, Konzerte und Festivals. Es gibt Probenräume für Musiker sowie eine Halle für waghalsige Skateboarder und BMX-Fahrer. Ein richtiges soziokulturelles Zentrum, das nach Übernachtungsmöglichkeiten verlangte.

TIPP
Die historische Altstadt von Görlitz ist mit dem Fahrrad in 20 Minuten erreichbar.

Ein kleiner Campingplatz auf dem grünen Bereich des Geländes war der Anfang. Direkt daneben entdeckte Danilo Kuscher einen ungenutzten Garagenkomplex aus DDR-Zeiten. Einst hatten die Arbeiter aus dem benachbarten Kraftwerk und die Bergleute vom Tagebau hier ihre Trabis, Ladas, Wartburgs und Skodas untergebracht. Diese Garagen wurden zu witzigen Ferien-Minizimmern umfunktioniert: die Wände weiß gestrichen, Kabel und alte Dosen absichtlich auf den Wänden gelassen, um den Garagencharakter beizubehalten. Teilweise mit DDR-Möbeln bestückt, besteht die Einrichtung aus Doppelbett, Tisch, zwei Sesseln und Regal. Wenn man die Flügel-Holztore öffnet, steht man vor einer Glasfront und schaut in das lichtdurchflutete 11-Quadratmeter-Domizil. 34 Garagen stehen in einer Reihe, wovon acht bereits in Gebrauch sind. Je eine ist als Zimmer ausgebaut, die daneben steht für Fahrräder und Gepäck der Übernachtungsgäste zur Verfügung. Die Wohngaragen haben Strom und kostenloses WLAN. Kochgelegenheiten, Duschen und Toiletten sind im Sanitärgebäude untergebracht. Holzsessel und Tische vor den Mini-Einraumwohnungen laden zum Frühstück im Freien oder Abhängen am Abend ein. Und wie heißen die Wohnungen? Wartburg, Lada, Wolga, Skoda …

- Kühlhaus Görlitz, Am Bahnhof Weinhübel 2, 02827 Görlitz, Tel. (0 35 81) 42 99 26
  www.kuehlhaus-goerlitz.de
- ÖPNV: Bahnhof Görlitz-Weinhübel (500 Meter zu Fuß)

06

Quark mit Leinöl im Gewölbe

15

Sorbisches Restaurant Wjelbik in Bautzen

Inmitten der Bautzener Altstadt lässt sich echte sorbische Gastfreundschaft erleben. In einem 600 Jahre alten Gewölbe ist bereits in zweiter Generation ein einzigartiges Restaurant ansässig, geleitet von der sorbischen Familie Mahling. Schon von außen erkennt man an den Rundbögen im Eingangsbereich und an den Fenstern, dass es sich um ein altes Gemäuer handelt. Im Inneren wird man empfangen von behaglicher Gemütlichkeit, denn man befindet sich unter Backsteingewölben, kombiniert mit sorbischer Handwerkskunst und bunt bemalten Bleifenstern, Mosaiken und Wandbehängen, Bildern und handgemachten Ofenkacheln, jede einzelne einzigartig gestaltet. Überall zeigen sich die typischen Trachten, das ländliche Leben und Dorfansichten der sorbischen Kultur.

TIPP

Dass man sich hier besonders wohlfühlt, hat sich herumgesprochen. Daher lieber vorher reservieren.

Die Wirtin erscheint in traditioneller Kleidung mit Schürze und Haube. Auf einem runden Holzbrett reicht sie den Gästen zur Begrüßung Brot und Salz, dekoriert mit einem Blaudrucktuch und einem gebackenen Teigzopf, der kunstvoll mit Vogel- und Blattmotiven verziert ist. Zum Kennenlernen der sorbischen Sprache hält sie ein kleines Wörterbuch bereit. Die Speisekarte, selbstverständlich auf Deutsch, enthält nicht nur sorbische, sondern auch Lausitzer und Bautzener Gerichte wie die sensationelle Senfsuppe. Will man die sorbische Esskultur kennenlernen, sind die Sorbische Hochzeitssuppe, Falsches Filet vom Ochsen im Wurzelgemüsesud und Quark mit Leinöl zu empfehlen. Getränke werden in hübschen Gläsern gereicht, die mit tanzenden Trachtenpaaren bunt geschmückt sind.

Für die kleinen Gäste gibt es Buntstifte und Ausmalbögen mit Puppen in sorbischen Gewändern und Gerichte, die den Rackern einfach schmecken. Die Küche ist hervorragend, und man muss nicht zu tief in die Tasche greifen. Auch das Auge wird beim Anblick der köstlichen Speisen verwöhnt. Unbedingt reingehen, das tolle Ambiente genießen, lecker essen, sich wohlfühlen und eine schöne Erinnerung an die sorbische Kultur mit nach Hause nehmen.

- Sorbisches Restaurant Wjelbik, Kornstraße 7, 02625 Bautzen, Tel. (0 35 91) 4 20 60 www.wjelbik.de
- ÖPNV: Ab Bahnhof Bautzen Bus 1, Haltestelle Kornmarkt (300 Meter zu Fuß)

Baum im Baum

16

Naturwunder im Fürst-Pückler-Park Bad Muskau

Fürst Hermann von Pückler war der älteste Sohn einer Adelsfamilie, die Anfang des 19. Jahrhunderts im Besitz des prachtvollen Schlosses in Bad Muskau war. Die Geschichte des Schlosses geht bis auf das Jahr 1245 zurück. Es hatte im Laufe der Zeit viele Besitzer, die die Schlossanlage erweiterten. Fürst Pückler, ein Natur- und Landschaftsfreund, war bei einem Englandaufenthalt von der dortigen Parkgestaltung fasziniert und fortan von der Idee besessen, um das Schloss herum eine einzigartige Parklandschaft zu schaffen. Seine Vision setzte er meisterhaft in die Tat um. Weitläufige Parkräume mit riesigen Rasenflächen und prächtigem Baumbestand ergeben ein vollendetes Gesamtkunstwerk. Über drei Jahrzehnte widmete der Fürst seine ganze Aufmerksamkeit dieser naturmalerischen Vision, deren Umsetzung ihn zu einem der bedeutendsten deutschen Landschaftsgestalter machte.

TIPP

Wer Kontraste liebt, sollte im Anschluss hinter der Stadtbrücke den Polenmarkt besuchen.

Eine Besonderheit findet man unmittelbar neben dem Schloss: Mitten aus einem riesigen Baumstumpf wächst eine junge Blutbuche. Ein merkwürdiger und doch faszinierender Anblick, weil der alte Baum zum Teil stehen gelassen und kunstvoll in Form gesägt wurde. Der Stumpf gehört zu einer einst prachtvollen Blutbuche, die Fürst Pückler 1826 pflanzen ließ. Er und die Buche waren zu diesem Zeitpunkt 40 Jahre alt. Pückler ließ sie mit einem Transportwagen heranschaffen, der eigens dafür gebaut worden war. Pilzbefall und Schäden an den Wurzeln ließen den prächtigen Riesen mit einem Lebensalter von 220 Jahren absterben. Ein Holzkünstler nahm sich des Baumes an, sägte ihn zu einer modernen Skulptur zurecht und pflanzte mitten hinein eine genetisch identische Blutbuche.

Der dünne Stamm des jungen Bäumchens wirkt zerbrechlich, aber der halbe Stamm des alten Baumes ummantelt ihn schützend wie eine Mutter ihr Kind. Geborgenheit und Halt auf dem Weg ins Leben kommt einem in den Sinn. Beständigkeit und etwas, das hält und stützt und dennoch genug Raum lässt, um sich zu entwickeln. Ein wahrhaft schöner Gedanke, der durchaus übertragbar ist.

- Fürst-Pückler-Park, 02953 Bad Muskau, www.muskauer-park.de
- ÖPNV: Ab Bahnhof Weißwasser Bus 250, Haltestelle Bad Muskau Kirchplatz (500 Meter zu Fuß)

Feilschen auf dem Basar

17 Polenmarkt an der Stadtbrücke von Bad Muskau

Am Rande von Bad Muskau eröffnet sich unmittelbar hinter der Stadtbrücke über die Neiße eine andere Welt, der Polenmarkt. Auf beiden Seiten der Straße reiht sich ein Verkaufsstand an den anderen. Zum großen Teil überdacht von Kunststoff-Welldächern, gibt es alle paar Meter schmale Stichwege, von denen sich ein verzweigtes Netz solcher Budengassen über eine riesige Fläche ausweitet.

Direkt zu Beginn versuchen Verkäufer mit dem Zuruf „Zigaretten" die Besucher in eine Gasse zu lotsen. Die Stände sind vom Boden bis zur Decke lückenlos angefüllt mit Waren. Man ist überwältigt von dem bunten Bild hängender Tüllgardinen, orange-blauer Wolkenstores und ordentlich zusammengefalteter Unterwäsche neben Schneeschaufeln und Reisigbesen, Kleidern und Kittelschürzen, kunterbunt bedruckten Badetüchern, Anglerzubehör und Plastikspielzeug.

Mit langen Hakenstangen fischen die Verkäufer die gewünschten Rucksäcke und Dreiräder von der Decke, bieten polnische Süßigkeiten in Riesentüten, Korbwaren und Vogelhäuser genauso wie Gartenrechen, Kinderwagen und Feuerwerkskörper an. An der Decke baumeln geöffnete Regenschirme zur Präsentation der bunten Aufdrucke, dazwischen hängen Fischernetze. Auf den Tischen liegen Parfümflaschen neben Jagdzubehör und Kinderschuhen. Es gibt eigentlich nichts, was es nicht zu kaufen gibt.

TIPP

Beim Kauf auf Qualität achten. Vorsicht vor gefälschten „Markenprodukten" mit „Rechtschreibfehlern"!

Das Schlaraffenland der ungeahnten Vielfalt und fremdartigen Kuriositäten ist sieben Tage die Woche geöffnet und gehört zu den größten Basaren an der deutsch-polnischen Grenze. Die meisten Verkäufer sprechen Deutsch, gezahlt wird in Euro. Die Waren sind teilweise gewöhnungsbedürftig, was Material, Farben und Art des Verkaufsguts angeht. Man sollte schon genau hinsehen, bevor man kauft. Alles ist preiswert, und feilschen kann man auch noch.

Zu essen gibt es Käse, Fleischspieße und allerlei Spezialitäten. Parken auf deutscher oder polnischer Seite, jeweils bewacht gegen Bezahlung oder gratis und unbeaufsichtigt. Zum Bummeln ist der Markt ein Erlebnis, Schnäppchenjagd inbegriffen.

- Polenmarkt in Łęknica bei Bad Muskau, ul. 1 Maja 1A, 68-208 Łęknica, auf deutscher Seite Clara-Zetkin-Straße zur Postbrücke, 02953 Bad Muskau
- ÖPNV: Ab Bahnhof Weißwasser Bus 250, Haltestelle Bad Muskau Kirchplatz (900 Meter zu Fuß)

Spaß-Familie Backental

18

Legendäres im Radeberger Biertheater

Am westlichen Rand der Oberlausitz liegt Radeberg. Na klar, jeder denkt sofort an Bier. Aber hier ist nicht nur die Brauerei des berühmten Gerstensafts ansässig, es gibt in unmittelbarer Nähe noch etwas ganz Einmaliges: das erste sächsische Mundarttheater, bei dem nicht nur im landestypischen Dialekt gesprochen wird, sondern sich alles ums Bier dreht.

Untergebracht ist das Radeberger Biertheater im Hotel Kaiserhof, wo allerdings noch nie ein Kaiser zugegen war. Dieses dennoch majestätische Gebäude von 1896 mit dem prunkvollen Kaisersaal diente einst dem gesellschaftlichen Leben. In den 1920er-Jahren avancierte der Ballsaal zum Kino und wurde später gar zur Turnhalle. Nach jahrelangem Leerstand und zunehmendem Verfall fand sich ein Investor, der dem Gebäude neuen Glanz verlieh. Heute dient der Saal als Spielstätte des wohl lustigsten Theaters von Sachsen. Die Lachmuskeln werden kräftig trainiert, wenn die Schwänke mit dem Kult-Ensemble über die Bühne gehen. Keine Angst, das Sächsisch der fiktiven Familie Backental versteht jeder. Wer die Oberlausitzer Mundart mit dem rollenden R kennt, merkt auch als Auswärtiger gleich den Unterschied zum Sächsischen.

TIPP

Brauereibesichtigungen, Bierseminare oder Kremserfahrten mit dem Bierkutscher.

Seit dem Bestehen 2002 gibt es jährlich neue Eigenproduktionen, die sich ungebrochener Beliebtheit erfreuen. Die Gäste kommen von weit her, 30.000 in der Saison. Im historischen Saal sitzt man an langen Tischreihen, wo leckere Drei-Gänge-Menüs serviert werden. Vorspeise und Hauptgericht gibt es vor der Vorstellung, den Nachtisch in der Pause. Für den kleineren Hunger stehen Sächsischer Gurkensalat, traditionelle Soljanka oder Radeberger Bierfleisch auf der Karte. Nicht schwer zu erraten: Dazu trinkt man Radeberger Bier. Die Zuschauer lassen sich begeistern, es herrscht fröhliche Stimmung und endet mit stehenden Ovationen. Wer will, kann sich direkt vom Theatersaal ins Hotelbett rollen. Der Kaiserhof beherbergt ein uriges Restaurant mit Brauereiausschank und deftigen Speisen. Auch ohne Theaterkarten kultig.

● Radeberger Biertheater, Hauptstraße 62, 01454 Radeberg, Tel. (0 35 28) 4 09 70
www.biertheater.de

● ÖPNV: Bus 28, 305, 308, 309, Haltestelle August-Bebel-Straße

Riesiger „Steinpilz“

19

Fotoshooting am Kelchstein in Oybin

Wer bizarre Felsformationen mag, wird solchen im Zittauer Gebirge zuhauf begegnen. Auf der Straße von Oybin nach Lückendorf bleibt der Blick zur linken Seite unwillkürlich an einer Felsengruppe haften, die aussieht, als hätte sie ein magisch-talentierter Bildhauer in den Wald gezaubert. Aus rotem Sandstein ließ die Natur hier durch Erosion von Wasser und Windschliff eine Figur entstehen, die scheinbar wie ein riesiger Pilz aus der Erde ragt. Man könnte die eigentümliche Form des Felsengebildes auch als Pokal deuten, weshalb es den Namen Kelchstein bekam. Die Felsengruppe daneben wurde zu den Kelchsteinwächtern erklärt. Die auffällige Rotfärbung des Sandsteins kommt von dem darin enthaltenen Eisenoxid, und die schlanke Form am Fuß des Gebildes entstand dadurch, dass das Gestein an dieser Stelle erosionsanfälliger war als im oberen Bereich. So entwickelte sich im Laufe der letzten 127.000 Jahre diese eigentümliche Naturskulptur, die als Wahrzeichen des Zittauer Gebirges gilt.

Es wundert nicht, dass dieser imposante Buntsteinkelch ein beliebtes Fotomotiv ist und gleichzeitig für Kletterfreunde eine besondere Herausforderung darstellt. Der Kelchstein gilt als der schwerste zu besteigende Gipfel des Zittauer Gebirges, dessen Aufstieg auf keinen Fall bei Nässe stattfinden darf, ja, sogar verboten ist. Insgesamt gibt es fünf Kletterrouten mit unterschiedlichen Schwierigkeitsstufen. Eine Bank direkt am Einstieg bietet den idealen Blick auf den Kelchstein und garantiert den sportlich Aktiven stets Zuschauer.

Für Naturfreudige, die lieber in der Horizontalen unterwegs sind, bieten traumhafte Wanderwege genügend Möglichkeiten, zum Beispiel Richtung Hochwald-Gipfelplateau mit grandiosem Weitblick, Aussichtsturm und uriger Bergbaude. Tief die würzige Waldluft einatmen, einfach losmarschieren, und dem Glück steht nichts mehr im Wege.

TIPP

In 300 Meter Entfernung stehen die Rosensteine, u. a. der 30 Meter hohe Jubiläumsturm und der Waldtorwächter.

● Kelchsteine, Kammstraße, 02797 Oybin
● ÖPNV: Bahnhof Oybin, Obyner Gebirgsexpress, Haltestelle Kelchsteine

Balken der Barockzeit

20 Die Fachwerkkirchen in Spreewitz und Bluno

Im Straßenangerdorf Spreewitz an der Grenze zwischen der Nieder- und Oberlausitz treffen die kleine und die große Spree aufeinander. Der Ort gehört zum sorbischen Siedlungsgebiet, daher wird hier neben der deutschen Sprache auch ein besonderer sorbischer Dialekt gesprochen. Wie in allen Ortschaften mit sorbischen Wurzeln fällt die Zweisprachigkeit auf den Straßenschildern sofort ins Auge.
Mitten im Dorf steht die evangelische Fachwerkkirche von 1688. Schon von außen mutet das hübsche Gebäude besonders heimelig an. Bei schönem Wetter ist die Kirche in der Regel geöffnet. Innen überrascht eine fromme Behaglichkeit. Fachwerkbalken, Säulen, Bänke, Emporen und Orgel bilden mit dem Barockaltar eine Einheit in weiß-grauem Pastell. Die Empore ist rundherum mit Blumenkränzen bemalt, in deren Mitte christliche Motive und biblische Sprüche stehen – natürlich in Deutsch und Sorbisch.
Nur ein paar Kilometer weiter, im Örtchen Bluno, steht eine weitere Fachwerkkirche. Sie ist von 1673 und zählt damit zu den ältesten Kirchen dieser Bauart. Der Turm ist komplett aus Holz gebaut. Die Bohlentür mit den Eisenbeschlägen und die Bleifenster sind noch original erhalten. Genau wie in der Spreewitzer Kirche gibt es hier einen Beichtstuhl, denn es gab noch lange Zeit Beichten in beiden evangelischen Dorfkirchen. Gegenüber der Kirche ist ein kleiner Platz mit einer Willkommenssäule. Dargestellt sind zwei Frauen in sorbischen Trachten mit einem Brotteller in den Händen. Jeden Dienstag und Freitag um 12 Uhr versammeln sich hier Einheimische mit Körben und warten auf den Bäckerwagen, der neben frischem Brot und knackigen Brötchen auch leckere Kuchen anbietet. Eine große Bank in Halbkreisform bietet zehn Personen Platz, sich mit Blick auf die Kirche auf ein Schwätzchen zu treffen, und gibt Besuchern die Gelegenheit, im beschaulichen Dorfambiente eine der köstlichen Leckereien aus der Hand zu verspeisen.
Besichtigung und Führung in der hübschen Fachwerkkirche sind auf Anfrage möglich.

TIPP

Am sorbischen Heimattag Mitte Juni findet in Bluno ein festlicher Umzug in Kirchgangstrachten statt.

- Fachwerkkirche Spreewitz, Kirchbergstraße 3, 02979 Spreetal, OT Spreewitz, Tel. (0 35 71) 6 04 14 36; Fachwerkkirche Bluno, gegenüber Dorfaue 33, 02979 Elsterheide, OT Bluno, Tel. (0 35 64) 2 25 05, www.kirchenkarte-sol.de
- ÖPNV: Ab Bahnhof Spremberg Bus 160, Haltestelle Spreewitz Gasthaus bzw. Bus 158, Haltestelle Bluno Schule

Mit allen drei Sinnen

21 Erfahrungen im Taubblindengarten Radeberg

Auf den ersten Blick ein normaler botanischer Garten, beim näheren Hinsehen unterscheidet er sich jedoch von gewohnten Parkanlagen. Alle Wege sind mit Handläufen versehen, und es gibt viele Hochbeete. Die grüne Oase gehört zu einer Einrichtung für Taubblinde. Diese wohnen im Haus Storchennest, 1993 von der erblindeten evangelischen Pastorin Ruth Zacharias gegründet. Bis heute untersteht die Arbeit mit Taubblinden der Diakonie unter geistlicher Leitung. Den Garten pflegt Marcel Soblik, der nicht nur Gärtnermeister, sondern auch Gartentherapeut ist und sich rührend um die dort lebenden Menschen kümmert. Das zwei Kilometer lange Wegesystem kann mit, aber auch ohne Begleitung begangen werden. Klopfkanten aus Holz bieten Orientierungshilfen. Der Garten beherbergt gut überlegte Erlebnisbereiche, zum Beispiel Wasserhochbeete zum mühelosen Ertasten von Wasserpflanzen oder ein Wuscheleck mit weichen struppigen Pflanzen, wo man so richtig mit den Händen reinwuscheln kann – ein tolles Erlebnis, nicht nur für Blinde.

TIPP
Unbedingt Öffnungszeiten beachten.

Duftende Seerosen, Wasserminze oder Rohrkolben laden zum Riechen und Fühlen ein. Die Hochbeete sind mit herrlich duftenden Pflanzen bestückt. Dabei gibt es Bereiche für Tag- und Abendduft. In der Geißblattlaube oder der Sitzecke mit Ziertabak locken besondere Dufterlebnisse am Abend auch Nachtfalter an, während bei den Tagdüften Bienen summen. In der Duftpelargonienstraße kann man intensive Frucht- und Gewürzdüfte wahrnehmen, dornlose Brombeeren sind zum Pflücken und Schmecken da. Rindenmulch-, Kies- und Nadelweg geben den Füßen Berührungsfreuden, beschuht oder barfuß.

Welch ein Glück, dass es auch sehenden und hörenden Menschen erlaubt ist, dieses Paradies mit nur drei Sinnen zu erleben. Gespräche mit den Menschen helfen, Schwellenängste zu überwinden. Marcel Soblik übersetzt durch Lormen – eine Kommunikation durch Malberührungen in die Hand. Für ihn und die Bewohner ist es von Gott geführt, dass diese Oase entstehen konnte. Was für ein schöner Gedanke!

- Botanischer Blindengarten Radeberg, Pillnitzer Straße 71, 01454 Radeberg, Tel. (0 35 28) 22 92 40 oder (01 52) 29 89 59 95, www.taubblindendienst.de
- ÖPNV: Ab Bahnhof Radeberg Bus 28, 307, 309, Haltestelle Richard-Wagner-Straße

Seelen auf Papier

22 Oberlausitzische Bibliothek der Wissenschaften

Triumphbögen des Wissens, so werden die großen Tore genannt, die durch den prächtigen klassizistischen Bibliothekssaal führen und rundherum bis zur Decke von Bänden historischer wissenschaftlicher Literatur umgeben sind. Die vier hölzernen Bücherbögen erinnern an Theaterkulissen und verleihen dem Saal etwas Erhabenes. Voller Ehrfurcht schreitet man durch so viel zusammengetragenes Wissen, riecht das Papier, die Leder- und Leineneinbände. Wertvolle Handschriften, historische Karten, Manuskripte aus dem 16. und 17. Jahrhundert, reich verzierte Druckerzeugnisse aus der Zeit Gutenbergs, Nachlässe von berühmten Dichtern und Gelehrten, Aufzeichnungen zur Historie der Oberlausitz und zur DDR … Die Regale füllen prächtige Bücher mit handgenähten Bindungen und Goldschriften auf den Buchrücken. Manche sind durch Schuber geschützt, einige alte Schriften mit Siegeln versehen.

Von so vielen wunderbaren Werken beeindruckt, kann man kaum glauben, dass all das nicht nur zur musealen Dekoration in den Regalen steht, sondern Teil einer aktiven öffentlichen Bücherei ist. Jeden einzelnen Band dieser historischen Kostbarkeiten kann man im Rahmen von Forschungsarbeiten und für private Zwecke im Lesesaal studieren. Neuere Werke darf man sogar ausleihen. Angemeldete können sich im Katalog einen der wertvollen Schätze aussuchen und in den Lesesaal bringen lassen. Eine Chronik kann schon mal Maße von 50 x 90 Zentimeter haben und fünf Kilogramm wiegen. Solche Bücher werden dann auf Wagen transportiert. Besonders wertvolle Schriften sind auch digitalisiert einzusehen.

Im historischen Büchersaal selbst, der zu den schönsten Bibliotheken Deutschlands gehört, ist nur ein Teil des Bestands zu sehen. Es fällt schwer, sich vorzustellen, wie viel Arbeit in jeder einzelnen geschriebenen Zeile, in jedem kunstvollen Bucheinband, in jedem handgeschriebenen Buchstaben, in jeder Illustration steckt. Bücher haben Seelen. Was für ein glücklicher, würdevoller Ort, an dem die Vergangenheit bis heute erlebbar bleibt.

TIPP

Besichtigung nur durch den Museumseingang, Führungen montags von April bis Oktober und nach Vereinbarung.

- Oberlausitzische Bibliothek der Wissenschaften, Neißstraße 30 oder Handwerk 2, 02826 Görlitz, Tel. (0 35 81) 67 13 50, www.olb.goerlitz.de
- ÖPNV: Ab Bahnhof Görlitz Straßenbahn 1, 2, Haltestelle Jägerkaserne (600 Meter zu Fuß); Bus D, Haltestelle Nikolaiturm (300 Meter zu Fuß)

AG VI 10 -
LAL IV 1 -
AG II 63 -
AG IV 14 -

Rot-weiße Romantik

23 Urlaubsträume im Leuchtturm zu Geierswalde

Von Tätzschwitz oder Geierswalde kommend, sieht man ihn schon von Weitem: den rot-weißen Leuchtturm am Ufer des Geierswalder Sees. Er steht auf einem doppelstöckigen achteckigen Sockel, in dem ein Restaurant und eine Bar mit maritimem Flair beheimatet sind. An stimmigen Details wurde bei der Einrichtung nicht gespart. Kulissen mit Whisky-Kisten wie in einem Schiffsbauch, eine schwebende Nixe, Segelboote und Holzmöwen als Deko lassen Urlaubsfeeling aufkommen. In der Bar tummeln sich gemalte Bikini-Schönheiten im Hawaii-Style an den Wänden, und die großzügige Außenterrasse gibt einen herrlich romantischen Ausblick aufs Wasser. Die Geländer, bestückt mit Tauen und Rettungsringen, gleichen einer Reling. Am Tage spenden große Sonnenschirme Schatten, am Abend tauchen gelb-orange Sonnenuntergänge die Wasseroberfläche und den angrenzenden Yachthafen in ein verzauberndes Licht und schaffen verträumte Momente. Heike Struthoff hatte sich diesen schönen Platz ausgesucht und 2014 ihren Traum von einem Seehotel verwirklicht. Mitten in der Oberlausitz, denn hier ist sie zu Hause. Ein Leuchtturm sollte es sein, der für unvergessliche Aufenthalte mit atemberaubender Aussicht sorgt. Allerdings durfte er nicht höher sein als der schiefe Kirchturm des nahen Dorfes, so die Bewohner von Geierswalde.

TIPP

Wer am östlichen Ufer entlangspaziert, gelangt zu den nicht weniger sehenswerten schwimmenden Häusern.

Der See ist ein ehemaliges geflutetes Braunkohleloch, um das herum sich inzwischen die Natur breitgemacht hat. Ein schöner Weg am Ufer entlang lädt zum Fahrradfahren und Spazieren ein. Urlauber oder Tagesausflügler können anderen beim Segeln oder Wasserskifahren zusehen, selber sportlich aktiv werden oder gemütlich mit dem Tretboot über den See strampeln. Wer bleiben möchte, kann sich im Leuchtturm für eine Nacht oder mehr einmieten oder in einem der hübschen Ferienhäuser mit Seeblick direkt am Ufer eine schöne Zeit gönnen. Ob von der Restaurantterrasse oder vom Yachthafen aus, der Sonnenuntergang über dem Wasser ist immer ein romantischer Abschluss eines erlebnisreichen Tages.

- DerLeuchtTurm-Gastro, Zum Leuchtturm 1, 02979 Elsterheide/Geierswalde, Tel. (03 57 22) 9 50 00, www.leuchtturm-lausitz.de
- ÖPNV: Ab Bahnhof Hoyerswerda Bus 792, Haltestelle Geierswalde (700 Meter zu Fuß)

Von Ägypten bis Pompeji

24 Traumzeit im Barockschloss Rammenau

Wenn es Märchenschlösser gibt, dann gehört das Barockschloss Rammenau zweifelsfrei dazu. Genau so sehen Träume aus, so majestätisch fühlt es sich an, wenn man durch das Torhaus die Anlage betritt und hindurchschreitet.

In harmonischer Symmetrie eröffnet sich eine Vereinigung von bäuerlichem Arbeiten in Gestalt von Ställen, Scheunen und Kopfbauten sowie herrschaftlichem Wohnen im Schloss. Das Gebäude-Ensemble erstrahlt durch die gelb-weißen Fassaden und die roten Ziegeldächer. Eine Baumallee führt mittendurch, vorbei an üppig blühenden Pflanztrögen, Zuckerhutbäumchen und weißen Figuren auf die Schlosstreppe zu. Die Dächer der Diensthäuser enthalten zahlreiche Fenster, die in ihrer Mandelform an Augen mit Pupillen erinnern und den Besucher scheinbar anschauen. Fledermausfenster nennt sie der Fachmann.

Hinter dem Schloss liegt ein verwunschener Park mit Teichen, Wasserspielen, Brücken und Pavillons. Man sieht beinahe die Prinzessinnen mit Rüschenkleidern im Park Blindekuh spielen, hört ihr Lachen beim Versteckspiel zwischen den riesigen Rhododendronbüschen … Weiße Bänke laden ein, den sprudelnden Wasserfontänen und dem Zwitschern der Vögel zu lauschen. Die alten Bäume spenden im Sommer kühlen Schatten, sanft wiegen die hängenden Zweige der großen Trauerweiden im Wind.

TIPP

Kulinarische Genüsse werden im klassizistischen Gartensaal und auf der Schlossterrasse serviert.

Natürlich sollte man das Schloss unbedingt von innen sehen. Der prachtvolle Spiegelsaal mit dem zehn Zentner schweren vergoldeten Kronleuchter und den wunderbaren Gemälden ist genauso einzigartig wie das Chinesische Zimmer mit den japanischen Leinentapeten oder das Pompejanische Zimmer im antiken römischen Stil. Der Weingott Bacchus wird wie in der griechischen Mythologie vom Teufel begleitet, weshalb der Raum auch Teufelszimmer genannt wird. Beeindruckend ist das Pfauenzimmer, in dem Sehnsüchte nach dem altägyptischen Isis-Reich aufkommen. Wer noch mehr Traumbilder braucht, schaut sich das Kornblumenzimmer an oder lässt sich einfach von den Illusionsmalereien im Treppenhaus verzaubern.

- Barockschloss Rammenau, Am Schloss 4, 01877 Rammenau, Tel. (0 35 94) 70 35 59 www.barockschloss-rammenau.com
- ÖPNV: Ab Bahnhof Bischofswerda Bus 305, Haltestelle J.-G.-Fichte-Straße (1 Kilometer zu Fuß)

Vögel des Glücks

25

Beim Abfischen im Land der 1000 Teiche

Eines der größten Teichgebiete Deutschlands ist das Biosphärenreservat „Oberlausitzer Heide- und Teichlandschaft“ mit 30.000 Hektar Natur. Über 350 Gewässer liegen hier teilweise dicht an dicht, dazwischen weite Auen, sandige Dünen, rot blühende Heideflächen und Moorgebiete. Für die Entstehung dieses einmaligen Reservats ist der Mensch verantwortlich. Zahlreiche Seen gehen auf den Bergbau zurück. Dabei wurden lehmige, sandige und aschehaltige Bodenarten verlagert. Neues Leben trat hervor und entwickelte sich zu einem wahren Naturparadies.

Sanften Schrittes kann man auf Sandwegen würzigen Kieferduft einatmen und beobachten, wie die Morgensonne stille Teichoberflächen glitzern lässt. Die Schilfbüschel am Ufer sehen teilweise wie gekämmt aus, so gleichmäßig hat der Wind sie ausgerichtet. Über Holzstege gelangt man zu Plattformen, von denen aus man Tiere beobachten kann. Man trifft auf seltene Libellenarten, hört das Flügelschlagen von Schwänen und Gänsen. Der Seeadler zieht seine Kreise, und im Wasser herrscht reges Treiben. Hat es da nicht im Schilf geraschelt? Vielleicht war es ein brütender Vogel, ein Frosch oder eine Ringelnatter?

TIPP

Zur Tierbeobachtung Fernglas nicht vergessen.

Ganze Teichressorts dienen der Fischzucht. Ein besonderes Erlebnis ist das Abfischen im Herbst, wenn Männer in hohen Gummistiefeln Karpfen aus dem flachen Wasser in Kübel sammeln oder ausgelegte Netze an Land ziehen. Genau zu dieser Zeit gehen die Zugvögel auf Reise, unter ihnen die „Vögel des Glücks“, wie Kraniche auch genannt werden. Die graziösen Langbeiner lassen sich zu Hunderten nieder und nutzen die abgelassenen Teiche als geschützten Rast- und Schlafplatz sowie als willkommene Nahrungsquelle. Ein lautes Rufen ist am Abendhimmel zu vernehmen, wenn sich die Schwärme vereinen, um auf dem seichten Wasser zu landen. Mittendrin spazieren Seeadler herum, die nach Fischbeute suchen. Bis sich am frühen Morgen die Glücksvögel mit majestätischen Flügelschlägen wieder in die Luft schwingen und weiterziehen, immer der Sonne entgegen …

- Haus der Tausend Teiche, Warthaer Dorfstraße 29, 02694 Malschwitz, Tel. (03 59 32) 3 65 60, www.haus-der-tausend-teiche.de
- ÖPNV: Ab ZOB Bautzen Bus 106, Haltestelle Wartha bei Bautzen

Soljanka mit Promis

26

Amüsantes in der Kaiserkrone von Hainewalde

Zu den typischen Gerichten der DDR-Gastronomie zählt die Soljanka. Der bis heute beliebte Eintopf kommt eigentlich aus dem osteuropäischen Raum und wird vor allem in den östlichen deutschen Bundesländern gekocht. Klassisch sind Wurst- und Fleischreste, die, kombiniert mit Gewürzgurken, Kraut und saurer Sahne, eine köstliche Suppe ergeben. Kein Oberlausitz-Besuch sollte ohne Genuss dieses ursprünglichen Arme-Leute-Essens bleiben.

In der Gaststätte Kaiserkrone kann man zu unterschiedlichen Zeiten Soljanka genießen, wie sie Muttern gekocht hat. Aber auch andere DDR-Hausmannskost wird hier noch von der Chefin Simone Stegner zubereitet. Stupperle zum Beispiel, eine Art Klöße, die, in Scheiben geschnitten und gebraten, mit Sauerkraut und Speck serviert werden. Oder Teichlmauke, eine Kreation aus Kartoffelbrei, Rindfleisch, viel Brühe und Sauerkraut – das Nationalgericht Ostdeutschlands. Sämtliche Gerichte der umfangreichen Speiskarte haben einen sagenhaften Einheitspreis von 5 Euro. Sommerhit ist die hausgemachte Sülze mit Remoulade, Bratkartoffeln und Salat. Alles wird aus regionalen Produkten frisch zubereitet.

Zwischen Fachwerk und Natursteinwänden lässt es sich gemütlich schmausen. Platz nehmen darf man mit Promis im Rücken, denn in alle Lehnen der 73 Stühle hat Holzkünstler Jürgen Spottke aus Wilthen Porträts von bekannten Persönlichkeiten geschnitzt. So sitzt man an einem Tisch mit Erich Honecker, Angela Merkel und Fidel Castro. Wem das zu politisch ist, für den gibt es Schauspieler wie Heinz Rühmann oder Til Schweiger, den Modezar Karl Lagerfeld, James Last, Amy Winehouse oder Tina Turner. Oder sollen es doch lieber Udo Lindenberg, Nana Mouskouri und Mark Medlock sein? Auch Mutter Teresa und Max Schmeling sind vertreten. Für Kinder gibt es Stühle mit dem Maulwurf, Pittiplatsch und dem Engel Artur aus dem DDR-Fernsehen oder mit Oberlausitzer Sagengestalten wie Krabat und Pumphut. Da ist der Spaß garantiert. Louis de Funés lässt vom Nachbartisch grüßen.

TIPP

Bei Jürgen Spottke in Wilthen kann sich jeder für zu Hause seinen Lieblingspromi-Stuhl schnitzen lassen.

- Gaststätte Kaiserkrone, Talstraße 97, 02779 Hainewalde, Tel. (03 58 41) 25 30 www.kaiserkrone-hainewalde.de, www.oberlausitz-art.de
- ÖPNV: Ab Bahnhof Mittelherwigsdorf Bus 11, Haltestelle Hainewalde, Niederdorf

KARL
LAGERFELD

Im Schwitzparadies

27 Saunadorf und Gradierwerk in Krauschwitz

Wie ein kleiner Bauernhof sind die urigen Schrotholzhäuser angelegt. Wohnhaus, Torhaus und ein Doppelstockhaus mit Blumenkästen sowie gestapeltem Holz vor der Tür bilden ein romantisches Ensemble. Im Zentrum ein Taubenschlag, zünftige Holzbänke und Relaxliegen. Auf einem Podest steht ein großes Fassbad, geschützt von einem achteckigen Spitzdach. Das Saunadorf ist Teilbereich der Erlebniswelt Krauschwitz und beherbergt neun Saunen, unter anderem eine Schrotholzsauna, eine Rauch-, Dampf- und Tiroler Zirbensauna, eine Kelo-Salzsauna und einen gemütlichen Heuboden mit Büchern zum Schmökern und Entspannen.

Angelehnt ist die Blockbauweise des Saunadorfs an das einstige sorbische Siedlungsgebiet in der Lausitzer Heide. Bis 1890 wurde in dieser Gegend das ansässige Kiefernholz mit einer Schrotaxt zu viereckigen Balken „geschrotet" und für den Schrotholzblockbau verwendet. Die überstehenden Holzenden an den Hausecken sind typisch dafür. Erholungsbedürftige und Gesundheitsfreaks werden in dem Saunadorf ihre Freude finden. Hier sind Saunagänge von 40 bis 110 Grad möglich. Täglich gibt es verschiedene Aufgüsse und stündlich wechseln die Aromen. Beim Fruchtaufguss wird ein Obstteller gereicht, beim Kräuteraufguss ein Gemüseteller. Zum Salzaufguss bekommt jeder einen Becher mit Salz, das beim Einreiben die Haut von losen Hautzellen befreit und die Durchblutung fördert.

TIPP

Für Sportliche gibt es im Wasserbereich Kurse mit Aquabikes: Unterwasserstrampeln auf „Standfahrrädern".

Im zugehörigen Hamam kann man ein typisch orientalisches Reinigungszeremoniell buchen. Hier lassen sich auf beheiztem Nabelstein wohltuende Düfte einatmen und sanfte Schaummassagen genießen. Wer noch nicht genug hat, entspannt im Wellnessbereich bei einer Fuß-Unterschenkel-Massage, lässt sich den Körper nach ostasiatischem Vorbild mit vorgewärmten Ölen salben, nimmt ein Rosenblüten- oder Birken-Bier-Bad und gönnt Gesicht und Dekolleté eine Schönheitspflege.

Das Gradierwerk mit separatem Eingang ist für jedermann in Straßenkleidung nutzbar. Für Saunagäste ist der Eintritt kostenlos. Da freuen sich die Atemwege.

- Saunadorf in der Erlebniswelt Krauschwitz, Görlitzer Straße 28, 02957 Krauschwitz, Tel. (03 57 71) 6 10 20, www.badeparadies.com
- ÖPNV: Ab Busbahnhof Weißwasser Bus 250, Haltestelle Keulahütte (600 Meter zu Fuß)

Torhaus

Bei den Pilzmännchen

28 Ausflug zum Malschwitzer Pilzzuchthof Breck

Im kleinen Ort Malschwitz liegt das Pilzparadies. Hier sind die Pilzmännchen zu Hause. Wer sie besuchen will, muss durch einen zauberhaften Park spazieren, vorbei an einem kleinen Fischteich mit Steg. Möchte man die Tiere füttern, steht ein hölzerner Futterkasten mit Leckerlis für die Störe, Welse und Karpfen bereit. Entlang des Weges trifft man auf ein Badehaus und gelangt zu einem Steinhügel mit Aussichtsbank. Im Kräuter- und Permagarten kann man allerlei über Heilmittel und Natur erfahren, und in einem hübsch mit Blumen und Keramikpilzen dekorierten Bauwagen befindet sich das wohl kleinste Museum der Welt, in dem man vieles über Pilze lernen kann.

Schließlich gelangt man zu einem dicht bewachsenen Hügel, der an eine Hobbithöhle erinnert. Stufen führen hinab zu einer Natursteinwand mit Glastür. Hier ist der Pilzkönig am Werk: Hagen Breck züchtet in seinem Keller mit seiner Frau Annett Pilze. 18 verschiedene Sorten, von Shiitakepilzen über Kräuterseitlinge und Limonenpilze bis zu Stockschwämmchen, Steinchampignons und Austernpilzen finden Pilzliebhaber alles, was das Herz begehrt. Je nach Jahreszeit kann man gleich die leckeren kleinen Freunde mitnehmen, die für jeden Kunden frisch geerntet werden. Auch Heil- und Trockenpilze sind zu haben.

Das Besondere in dem Schaukeller: Man kann die Kulturen sehen, an denen die Pilze heranwachsen. Hinweistafeln geben Auskunft über Wachstumsbedingungen, Kulturdauer, Geschmack und wie die Pilze ausgewachsen aussehen. All diese wunderbaren Pilzkulturen kann man in kleinen und großen Paketen mit nach Hause nehmen und selber zum Hobby-Pilzzüchter werden. Es ist kinderleicht, macht einen Riesenspaß und gelingt innerhalb weniger Tage in Keller, Wohnung oder Garten. Jedem!

Kulturen gibt es ganzjährig, denn sie werden von Frühjahr bis Herbst in großen Containern vorgezüchtet.

Wieder am Tageslicht können Besucher im Gartencafé selbst gemachte Oberlausitzer Plinsen und Espresso genießen. Was für ein schöner Ausklang!

- Pilzhof & Edelpilzzucht Breck, Schafbergstraße 31, 02694 Malschwitz, Tel. (03 59 32) 3 01 84, www.pilzmaennchen.de
- ÖPNV: Ab ZOB Bautzen Bus 107, Haltestelle Dubrauke (500 Meter zu Fuß)

Geheimnis Bescherkind

29

Weihnachtsmarkt und Kulturzentrum Schleife

Das kleine Dorf Schleife gehört mit den umliegenden Ortschaften zu den Siedlungsgebieten, in denen noch viele Sorben zu Hause sind. Obwohl sie eine Minderheit darstellen, sind ihre Traditionen und ihr Brauchtum überall präsent und werden voller Stolz gepflegt. Eine Besonderheit um Schleife ist das Christkind, das auch Bescherkind genannt wird. Nach altem Brauch wird das Christkind am 1. Advent in der Dorfkirche gesegnet und mit zwei Begleiterinnen ausgesandt. Die kirchliche Zeremonie erfolgt zweisprachig, auf Deutsch und Sorbisch. Das Christkind ist eine geheimnisvolle Person. Sein Kleid ist mit vielen Schleifen und Bändern geschmückt. Gesicht und Hände sind verhüllt, das Haar unter einer Haube versteckt. Und es muss bei seinen Auftritten schweigen. Gemeinsam mit den beiden Begleiterinnen zieht es durchs Dorf und ist auch auf dem Weihnachtsmarkt anzutreffen. Ein Glöckchen an seinem Arm kündigt sein Erscheinen an. Mit einer Rute aus Birke und Ginster, die das Leben symbolisiert, berührt es die Menschen an der Schulter und streichelt ihnen mit dem Handschuh sanft über die Wange. Auf diese Weise bringt es Glück und Gesundheit für das kommende Jahr. Alles erfolgt in feierlicher Stille. Die beiden Begleiterinnen tragen die Laterne und den Gabenkorb, gefüllt mit Süßigkeiten und Obst, die das Christkind verteilt.

TIPP

Auch das bunt bemalte Bescherkind von Holzkünstler Thomas Schwarz im Ortsteil Mulkwitz ist sehenswert.

Anders als bei seinen Begleiterinnen ist der Name des Christkinds streng geheim. Weil keiner weiß, welches Mädchen unter dem Gewand steckt, ranken sich allerlei Erzählungen um die geheimnisvolle Erscheinung. Man sagt, dass es die Grenzen des Dorfes nicht überschreiten darf. Der Überlieferung nach soll dieses auserwählte Mädchen das erste sein, das im nächsten Jahr heiratet.

Wer in der Adventszeit in Schleife ist, sollte die Ankunft des Christkinds auf dem Weihnachtsmarkt nicht verpassen und sich mit Glück und Gesundheit segnen lassen. Zu allen anderen Zeiten des Jahres kann man seine Tracht, manchmal in sieben Varianten, im Sorbischen Kulturzentrum besichtigen.

- Sorbisches Kulturzentrum Schleife, Friedensstraße 65, 02959 Schleife, Tel. (03 57 73) 7 72 30, www.sorbisches-kulturzentrum.de
- ÖPNV: Ab Bahnhof Schleife Bus 259, Haltestelle Schleife Kirche

Im 90-Grad-Winkel

30

An der Hauswand im Künstlerviertel Zittau

Schon mal gesehen, wie eine Schafherde senkrecht die Hauswand entlangspaziert? Wie Männer mit Anzug und Hut in sechs Metern Höhe auf dünnen Brettchen stehen und mit dem Rücken unterm Dachfirst kleben? Riesige Äpfel rollen scheinbar aus über vier Etagen zwischen Fenstern die Fassade hinunter und sind dennoch in der Bewegung erstarrt, als wären sie am Mauerwerk plötzlich festgefroren. Große goldene Blätter hängen in zwei Tunneln an der Decke wie Herbstlaub, das in umgekehrter Richtung nicht auf den Boden, sondern nach oben gefallen ist.

Dies ist kein Traum, kein Science-Fiction-Film, keine Illusion. Es ist Kunst. Kunst in einem Stadtviertel von Zittau. Hier wurden ehemalige DDR-Plattenbauten in die größte Pop-Art-Fläche Deutschlands verwandelt. Zwei Berliner Künstler haben eine Fantasiewelt geschaffen, bestehend aus Engeln und Fabelwesen auf farbenprächtigen Fassaden. Tiere und Gegenstände überwinden die Naturgesetze. Eine riesige goldene Doppelhelix in Form menschlicher DNA verbindet wie ein großer Torbogen die Hausfronten zweier Straßenseiten. Ein wahrhaft märchenhafter Anblick. Man schlendert durch die Straßen, schaut nach oben, bleibt stehen, dreht sich im Kreis und saugt diese wunderbare Zauberwelt in sich auf. Was mögen in den Häusern für Menschen wohnen? Es muss glücklich machen, wenn man aus dem tristen Alltag am Abend hierher nach Hause kommen darf. In der Dunkelheit sind die Figuren indirekt beleuchtet. Die Flügel des Engels sind von hinten gelb umstrahlt und wirken dann wie ein Heiligenschein. Auch die anderen Figuren werden durch die Beleuchtung geschickt in Szene gesetzt.

Am Tage allerdings überwältigt die Farbenpracht aus Lila, Gelb, Orange und Türkis, scheinbar bewachsen mit goldenen Blütenranken. Ein Wohlfühlort der Extraklasse. Hier möchte man noch stundenlang bleiben, weil man sich gar nicht sattsehen kann.

TIPP

Die historische Altstadt mit dem imposanten Rathaus ist nur wenige Meter entfernt.

- Künstlerviertel Zittau, Grüne Straße, Rosenstraße, Mandauer Berg, 02763 Zittau, www.mandauerglanz.de
- ÖPNV: Ab Bahnhof Zittau Bus 6, Haltestelle Dr.-Brinitzer-Straße

Zwischen Rinde und Moos

31 Anker setzen beim Waldbaden in Bischofswerda

Treffpunkt Butterberg. Zusammengekommen sind sechs Menschen aus unterschiedlichen Berufen. Ein Lokführer ist dabei, dessen Alltag Tempo erfordert, eine gestresste Büroangestellte, Hausfrau und Mutter, und jemand, der die Natur liebt und einfach mal ausprobieren will, was Waldbaden eigentlich ist.

Für vier Stunden ist die Gruppe unterwegs, um sich von Karin Grundmann in eine Zeit der Entschleunigung entführen zu lassen. „Waldbaden kommt aus Japan", erklärt sie. „Dort wird es sogar auf Rezept von Ärzten verordnet." Aha, es gibt also einen wissenschaftlichen Hintergrund. Einige haben schon mal gesehen, wie Leute bei solchen Zusammenkünften Bäume umarmen. Sieht gewöhnungsbedürftig aus. Bei der zertifizierten Kursleiterin gibt es kein Richtig oder Falsch. Jeder macht nur das, was er mag und ihm guttut. Wichtig ist, dass man sich auf die Natur einlässt, eintaucht in Licht und Schatten, die Geräusche des Waldes, Farben, Strukturen, Gerüche der Umgebung. Loslassen. Den Alltag beim Eintritt in den Wald abgeben und sich selbst begegnen.

TIPP
Auch sehr empfehlenswert: Winter- oder Herbstwaldbaden mit Nebelschwadenbeobachtung!

Bei einem langsamen Spaziergang werden Atemübungen gemacht, Bewegungen, die an Yoga erinnern. Achtsamkeitsübungen sind darauf gerichtet, das Umfeld wahrzunehmen. Dinge, die man sonst nicht sieht, hört oder fühlt. Ein Ast dieses Baums ist abgebrochen, und trotzdem treibt er wieder aus! Moos in der Hand. Weich ist es und duftet erdig. Dankbarkeitsgefühle werden hervorgeholt. Dankbarkeit, dass man das sehen, fühlen, riechen darf. Das Glück spüren, in der Natur zu sein, Kraft tanken, durchatmen, Stress abbauen. Die Schönheiten des Waldes in sein Herz aufnehmen. Anker setzen, die man bei Bedarf wieder hervorholt, wenn man Entschleunigung im Alltag braucht. Ein Baum vor dem Bürofenster oder eine Topfpflanze zu Hause kann so ein Anker sein, der die Erinnerung an die Walderfahrung zurückruft, Glücksmomente wieder erfahrbar macht.

Das letzte Stück ist der Weg des Schweigens. Noch mal alles aufnehmen, in sich wirken lassen, Erholung spüren. Glücklich sein.

- Waldbaden in der Oberlausitz, Karin Grundmann, 01877 Bischofswerda und Demitz-Thumitz, Tel. (01 74) 9 69 67 20 www.was-regt-den-stoffwechsel-an.de/waldbaden
- ÖPNV: Bahnhof Bischofswerda, Treffpunkt nach Absprache

Heiß geliebte Eierschecke

32

Sachsens Traditionskuchen bei den sieben Linden

Fragt man im Osten Deutschlands nach dem leckersten Kuchen der Region, so lautet das einhellige Urteil: Eierschecke! Und jeder Oberlausitzer kennt eine Lieblingsbäckerei oder ein Café, wo es garantiert die allerbeste Eierschecke der ganzen Gegend gibt. Der Traditionskuchen wird nahezu überall angeboten. Umso erstaunlicher, dass er im Rest Deutschlands kaum bekannt ist.

Was verbirgt sich nun hinter dieser köstlichen Glückseligkeit? Auf einem Boden aus Mürbe- oder Hefeteig liegen zwei Puddingschichten, eine mit Quark vermischt und darüber eine fluffige mit Eiern, die sogenannte Eierscheckemasse. Bezüglich weiterer Zutaten hat jeder sein „Familien-Geheimrezept", und so gibt es zahlreiche Varianten dieser wunderbaren Köstlichkeit, mit Mandeln, Kirschen, Mohn, Puderzucker …

Ursprünglich kommt der Traditionskuchen aus Dresden und wurde wegen des reichhaltigen Belags nur von gut situierten Bürgern verzehrt. Im Laufe der Zeit hat sich die Dresdner Eierschecke immer weiter verbreitet und ist zum Kultgebäck über ganz Thüringen und Sachsen avanciert. Angeblich soll der Name von dem Wort „Schegge" abgeleitet sein. So nannte man im 14. Jahrhundert einen Leibrock für Männer, der in der Mitte mit einem Hüftgürtel geschmückt wurde, um den Bauchumfang zu betonen. Die Bauchfülle galt als Zeichen für Wohlstand, und je reicher man war, desto mehr teure Eierschecke konnte man sich leisten. Egal, ob die Geschichte stimmt, jedenfalls gilt die dringende Empfehlung, sich bei einem Oberlausitzbesuch irgendwo das kulinarische Vergnügen zu gönnen.

Wer keine Lust auf ein Café hat, für den bieten sich die legendenumwobenen sieben Linden in Steinigtwolmsdorf an. Unter der Baumgruppe gibt es zwei Bänke und einen Tisch mit einem herrlichen Blick auf Felder und Hügel. Im Ort Eierschecke besorgen, Getränk in den Rucksack und unter den Sieben Linden Kuchen, Luft und Aussicht genießen.

Nach Erich Kästner ist die Eierschecke eine Kuchensorte, die zum Schaden der Menschheit auf dem Rest des Globus unbekannt blieb. Wie recht er hatte!

- Aussichtspunkt Sieben Linden, Neustädter Straße, Ortsausgang rechte Seite, 01904 Steinigtwolmsdorf
- ÖPNV: Ab ZOB Bautzen Bus 117, 267, Haltestelle Steinigtwolmsdorf Weifaer Straße (700 Meter zu Fuß)

Überstiefel zur Wache

33 Lange Straße – Hoyerswerdas Handwerkergasse

Hoyerswerda hat zwei Gesichter: die historische Altstadt mit ihrem schönen Marktplatz, dem Alten Rathaus, der Postdistanzsäule sowie dem Sorbenbrunnen und die Neustadt mit den Plattenbauten der DDR-Zeit, die teilweise verschwunden sind und teilweise unter Denkmalschutz stehen. Wer Gegensätze liebt, wird diese Stadt voller Spannung durchstreifen. Die einen lieben ihre Altstadt, die anderen leben in der Neustadt und lassen sich im historischen Teil selten blicken. Beide Teile haben geschichtlichen Wert und ihre Reize.

Auf der Suche nach dem Glück sollte man die Lange Straße in der Altstadt nicht auslassen. In der natursteingepflasterten Gasse reihen sich auf einer Länge von 250 Metern kleine, meist eingeschossige Gebäude aneinander. In vergangener Zeit war die Lange Straße tatsächlich einmal die längste Straße von Hoyerswerda.

Als im 18. Jahrhundert Handel und Handwerk boomten, siedelten sich hier viele Handwerker an, die in den kleinen Häusern ihre Wohn- und Werkstätten einrichteten. Ob Geigenbauer, Drechsler oder Schumacher – man konnte alle antreffen, deren geschickte Hände man in Anspruch nehmen wollte. Heute sind die Handwerker nahezu verschwunden. In Haus Nr. 41 findet man noch einen Modellbauer für Holzschiffe. In Nr. 1 ist eine alte Schuhmacherwerkstatt, wo nach wie vor an historischen Maschinen gearbeitet wird. Hier kann man Notschuhe der Nachkriegszeit aus Holz, Pappe und Wachstuch, Filzlatschen mit Patentverschlüssen und Überstiefel für frierende Wachsoldaten bewundern. Im selben Haus trifft sich auch eine Klöppelgruppe, die kunstvolle Stadtansichten aus Spitze fertigt.

Wie schön, dass sich der hier ansässige Kulturbund für den Erhalt dieser romantischen Gasse einsetzt. Durch ihn wurde nach der Wende den verfallenen und leeren Häusern neuer Glanz verliehen, an dem sich heute die Bewohner und viele Besucher erfreuen können. Ein Bummel bezaubert nicht nur bei Sonnenschein, sondern auch, wenn sich das Licht nach einem Regenschauer in den Pflastersteinen spiegelt.

● Lange Straße, 02977 Hoyerswerda, Info: Kulturbund e.V., Tel. (0 35 71) 41 64 80 www.kulturbund-hoyerswerda.de

● ÖPNV: Bahnhof Hoyerswerda (1 Kilometer zu Fuß); Bus 1, 2, Haltestelle Heinrich-Heine-Straße (500 Meter zu Fuß); Bus 2, 4, Haltestelle Kastanienhof (200 Meter zu Fuß)

Baumseelen

34 Beim Holzkünstler Thomas Schwarz in Schleife

Einst stand am Rande des Teutoburger Waldes eine uralte Eiche. 1000 Jahre hatte sie auf dem Buckel. Der Baumriese, Wahrzeichen des Ortes Göstrup mit einem Umfang von 17 Metern, war in die Jahre gekommen, schließlich abgestorben und wurde zur Gefahr für den Bauernhof, auf dem er stand, und für Mensch und Vieh, die dort lebten. Ein zwei Tonnen schwerer Ast brach ab, und so entschloss man sich, den Baum zu fällen. Viele Sagen und Geschichten ranken sich um ihn. Er hat Kriege erlebt, unter ihm wurden über Jahrhunderte Ehen geschlossen. Und diesen wichtigen Zeitzeugen so einfach entsorgen?
Thomas Schwarz kaufte vier Tonnen des Giganten und ließ sie sich nach Schleife bringen, wo in seinem Birkenparadies Wohnhaus, Werkstatt und Atelier stehen. Er ist Holzkünstler und immer auf der Suche nach gefällten Bäumen mit einer Geschichte: „Holz hat eine Seele. Es wächst, wird älter, verwittert, stirbt irgendwann – wie der Mensch", beschreibt er seinen Werkstoff. „Wenn ich Holz kaufe, nehme ich immer auch die Geschichten mit, die der Baum erlebt hat." Die erfährt er von denen, die den Baum kannten. Und diese Geschichten werden in seinen Skulpturen wieder lebendig. Seine Hölzer kommen aus aller Welt. Eine Olive aus Korfu, eine Mooreiche, verknüpft mit kuriosen Sagen, werden zu einzigartigen Kunstwerken und finden in seinem Skulpturengarten eine neue Bestimmung. Mal gigantisch und bizarr, mal figürlich und filigran. Die Wurzel oben, der Stamm unten, ein Elefantenkopf, Silhouetten von Männern und Frauen, allesamt aus unterschiedlichen Hölzern herausgeschält. Jede Figur mit anderer Farbe und Maserung – sie verkörpern die menschliche Vielfalt.
Man spürt die Leidenschaft, mit der Thomas Schwarz seinem Material das Mystisch-Magische entlockt, um seine Visionen zeitgemäß zu übertragen. In seinen Räumen duftet es wunderbar nach Hunderten verschiedener Hölzer. Eine bezaubernde Mischung, die, gepaart mit den warmen Farben und harmonischen Oberflächen, die Fantasie beflügelt und die Sinne berauscht.

- Der Holzkünstler Thomas Schwarz, Spremberger Straße 45, 02959 Schleife, Tel. (01 62) 1 60 73 25, www.der-holzkünstler.de
- ÖPNV: Ab Bahnhof Schleife Bus 264, Haltestelle Schulzentrum (300 Meter zu Fuß)

Eine runde Sache

35 Die historische Wehranlage in Horka

Wer es ruhig und beschaulich mag, sollte in Horka haltmachen. Das verträumte Örtchen im östlichen Teil der Heide- und Teichlandschaft schlängelt sich entlang des kleinen Bachs „Weißer Schöps“. Horka ist kein typisches Straßendorf mit schnurgerader Häuseranordnung, man kann es eher als Flussauendorf bezeichnen, wo die Gebäude, in größerem Abstand verstreut, in alle möglichen Richtungen entlang des Gewässers erbaut wurden. Entsprechend idyllisch erscheinen die kleinen Häuser und Gehöfte mit den holzumzäunten Wiesen.

Wahrzeichen ist die historische Wehranlage um die Dorfkirche: eine kreisrunde Mauer mit Zinnen wie bei einer Ritterburg. Eintritt ins Innere gewährt das gelbe Torhaus, durch das man zur Kirche gelangt. Eine eigentümliche Komposition, wie man sie sonst in Deutschland kein zweites Mal findet. Die Wehrmauer stammt aus dem 12. Jahrhundert und diente wahrscheinlich der Verteidigung während der Hussitenkriege. Möglicherweise beherbergte die Mauer auch eine Zollstelle oder einen Handelsplatz – so genau ist das nicht überliefert. Sie wurde aus unzähligen kleinen Steinen und Findlingen von den Äckern der Bauern mit Kalkmörtel erbaut und ist am Fuß 1,50 Meter dick. Eine großartige Bauleistung.

TIPP

Geöffnet von Ostern bis Ende Oktober. Führungen durch die Wehranlage können vereinbart werden.

Der Sage nach sollte jeder der damals 72 ansässigen Bauern eine Zinne errichten. Die Zinnen hat aber nie jemand nachgezählt. Erst bei der Restaurierung 2011 stellte der Architekt fest, dass es nur 54 Zinnen sind. Da haben sich wohl einige Bauern gedrückt!

Die Kirche im Zentrum des Wehrkreises ist wahrscheinlich erst später aus einer Kapelle entstanden. Sie wurde im Laufe der Jahrhunderte erweitert und mit figürlichen Wandmalereien inklusive Sternenhimmel verschönert. Das Ensemble aus Wehranlage, Torhaus und Kirche schenkt dem Besucher einen friedvollen und beschaulichen Ort der Besinnung. In der Harmonie des Kreises entsteht ein Gefühl der Geborgenheit, die zum Verweilen in diesem historischen Gemäuer einlädt. Und zur Inspiration.

- Historische Wehranlage, Görlitzer Straße 48, 02923 Horka, Tel. (03 58 92) 5 95 33 www.wehranlage-horka.de
- ÖPNV: Ab Bf. Horka Bus 131, Haltestelle Horka Kreuzung, dann Bus 138, Haltestelle Fiebigweg (150 Meter zu Fuß)

Ausflug zum Sandstrand

36 Urlaubsfeeling an der Talsperre Bautzen

Sonne, Sandstrand, See – mit diesen drei „S"-Wörtern kommen Urlaubsgefühle auf. Glücklicherweise braucht man dafür nicht bis zur Ostsee zu reisen. Die Oberlausitz hat in Sachen Strandpromenaden einiges zu bieten. Der Bärwalder See zum Beispiel oder der Berzdorfer See verfügen über wunderbare Sandstrände. Manche Gewässer wurden aus dem ehemaligen Braunkohletagebau geschaffen, andere sind Stauseen. An den Ufern wurde Sand von der Ostsee aufgeschüttet, und tatsächlich fühlt es sich fast so an, als sei man am Meer. Hier liegt man im Sommer auf ausgebreiteten Handtüchern, betätigt sich bei Beachvolleyball und Wassersport.

Die Talsperre Bautzen ist auch so ein Wohlfühlort. Allerdings ist Baden nicht immer möglich, weil der See hin und wieder von Blaualgen übersät ist. Zu diesen Zeiten sollte man das Wasser meiden. Dennoch ist es ein beeindruckendes Naturschauspiel, wenn sich das Wasser zur Blaualgenblüte laubfroschgrün färbt.

Beim Blick auf den See ahnt man nicht, welches Geheimnis sich unter der Wasseroberfläche verbirgt. Dort, wo heute gesegelt, gepaddelt und gesurft wird, standen früher zwei Dörfer, die 1972 im See versanken. Bei der Sanierung der Talsperre zwischen 1999 und 2002 wurde das Wasser abgelassen, und die Dörfer kamen wieder ans Tageslicht. Viele Menschen machten sich auf den Weg, um trockenen Fußes zu den noch sichtbaren Überresten zu wandern, wo sie einst groß geworden waren. Bei der Rückkehr in die Heimat kam so manche Erinnerung. Mauerreste ließen die Stätten der Kindheit wiedererkennen. Hier ein Schuh, dort ein Wagenrad an einem verrotteten landwirtschaftlichen Relikt. Straßen und Wege kamen wieder zum Vorschein und halfen bei der Orientierung durch die Steinhaufen. Für Betroffene ein Spaziergang in die Vergangenheit, für Touristen nicht weniger berührend. Heute ist dieser Ort ein Naherholungsgebiet mit Bootsverleih, Minigolfanlage, Hochseilgarten und Beach-Bar. Der zu DDR-Zeiten angelegte Sandstrand und die Seebrücke machen das Ostsee-Feeling beinahe perfekt.

TIPP

Auf den begehbaren Dämmen erfährt man anhand von Schautafeln viel Wissenswertes über die Talsperre.

● Talsperre Bautzen, Burker Straße (B 156), 02625 Bautzen, OT Burk
www.bautzen.de

● ÖPNV: Ab ZOB Bautzen Bus 104, 106, 125, Haltestelle Bautzen-Burk Talsperre

Im Steinzeugparadies

37

Erlebnis Kunsttöpferei Lehmann in Neukirch

Ein riesiger brauner Milchtopf und eine bunte Wiesenschlange, lustige Gartendeko plus Elefantenrutsche – alles aus Keramik. Daneben wecken Gerätschaften wie Trommelmühle und Galgeneindrehspindel die Neugier, und schon bewegt man sich durch den Vorgarten in Richtung Keramikscheune. Die gehört zur „Töpferei Karl Louis Lehmann". Das Entree ist verheißungsvoll, also nichts wie rein.

Beim Eintritt in die große Halle tut sich ein Paradies für alle Steinzeugfans auf. Das Angebot an Geschirr, Krügen, Töpfen und Dekoartikeln in unterschiedlichsten Dekoren ist überwältigend und löst Begeisterungstaumel aus. Immer in Gruppen nach Dekor sortiert, sind die hübschen Gegenstände aufgebaut. Klassiker wie das blau-braune Geschirr mit dem berühmten Pfauenauge, eine rot karierte Serie, blau mit weißem Tupfenmuster, Weinblätter und Blümchen von der Telleruhr bis zum Henkelleuchter. Man weiß gar nicht, wo man zuerst hinsehen soll.

All diese wunderbaren Sachen sind von Hand getöpfert und, typisch für die Oberlausitz, in Schwämmchentechnik dekoriert. Bekannt ist diese Tupfmethode als „Bunzlauer Art". Für wissbegierige Gruppen werden Führungen durch Werkstatt und Museum angeboten, wo man den Töpferinnen und Malerinnen bei der Arbeit zuschauen kann und Produkte aus der gesamten Firmengeschichte zu sehen sind. In Neukirch hat Töpfern Tradition. Seit 180 Jahren gibt es die Töpferei Lehmann bereits in sechster Generation. Das Familienunternehmen wird von zwei Brüdern geleitet, Edgar und Karl. Dass die beiden Humor haben, zeigen sie ab und zu auf dem jährlichen Töpferfest, wenn 85 Töpfereien aus ganz Deutschland rund um Lehmanns ihre Zelte aufbauen und ihre schönsten Produkte anbieten. Dann wird zur Freude der Besucher die Felge eines hochgebockten Autos zur Töpferscheibe: Ton auf die Felge, Motor an, Gas geben, und aus geschickten Händen entsteht eine perfekte Vase. Vor 30 Jahren auf einem Wartburg ausprobiert, ist der Spaß bis heute der Renner. Bei „Wetten dass?" waren die zwei übrigens auch schon.

TIPP

In der Töpferschänke gibt es leckeren Kuchen und regionale Küche. Töpfereiführungen nur nach Anmeldung.

- Kunsttöpferei Karl Louis Lehmann, Dammweg 26, 01904 Neukirch/Lausitz, Tel. (03 59 51) 36 90, www.toepferei-lehmann.de
- ÖPNV: Ab Bahnhof Neukirch/Lausitz Ost 300 Meter Fußweg zum Hotel Oberland, dann Bus 181, Haltestelle Neukirch Eiche

Süßes (im) Umgebindehaus

38 Eiscafé & Conditorei „Oberlausitz“ in Schönbach

In einer kleinen Nebenstraße von Schönbachs Ortszentrum stehen zwei ineinander verschränkte Umgebindehäuser, ein altes und ein neueres. Das alte von 1750 ist etwas kleiner und steht mit der Giebelseite zur Straße. Das größere ist hundert Jahre jünger und wurde quer zur hinteren Giebelseite angebaut. Daneben ein historisches Natursteingebäude, das früher einmal als Scheune und Unterstand für Kleinvieh diente.

An diesem idyllischen Ort lebte einmal der Ururgroßvater von Hagen Schäfer, dem heutigen Besitzer des hübschen Häuserensembles. Bereits in dritter Generation betreibt er mit seiner Frau Ute in diesem Anwesen ein Eiscafé und verzaubert als Konditormeister in den gemütlichen rustikalen Räumen mit Kaminzimmer und Blockstuben seine Gäste mit den herrlichsten Torten. Das Eis macht er nach originalen Rezepten seines Großvaters, der hier schon die kalte Köstlichkeit aus Milch, Butter und anderen Zutaten gekocht und angesetzt hat. Hinzu kommen Klassiker wie frische Johannis- und Heidelbeeren oder Wildfrüchte wie Sanddorn und Holunder. Kein Wunder, dass man im Sommer unter den 90 Gartenplätzen einen freien Tisch suchen muss, denn dass es hier das leckerste Eis weit und breit gibt, hat sich herumgesprochen. Ein großer Teil der Gäste sind Stammkunden, aber auch viele Ausflügler steuern die verlockende Kombination aus uriger Sitzgelegenheit, leckerem Eis und herzlicher Gastfreundschaft an.

An kühleren Tagen trifft man sich gerne drinnen an gemütlichen Holzbänken neben dem bollernden Ofenfeuer. Hier genießen die Gäste dann vorwiegend köstlichen Oberlausitzer Kleckskuchen aus Quark-, Mohn- und Erdbeerklecksen, Punschtorte oder Sächsische Eierschecke, die zu den besten der Oberlausitz gehören soll. Ab August beginnt dann endlich das Stollenbacken, und schon bald gibt es Sächsischen Butterstollen, ofenwarmen Butterkuchen oder doch lieber einen Eisteller Schwanensee, bestehend aus einem Eis-Sahne-Schwan mit Baiserkopf und -flügeln? Ach, wer die Wahl hat, hat die Qual!

- Eiscafé & Conditorei „Oberlausitz“, Am Teichdamm 6, 02708 Schönbach, Tel. (03 58 72) 3 43 66, www.eiscafe-schoenbach.de
- ÖPNV: Ab Busbahnhof Löbau Bus 33, 52, Haltestelle Schönbach Kirche (300 Meter zu Fuß)

Eiscafé
Oberlausitz
Löbauer
Bergquell
täglich geöffnet
12:00 - 19:00 Uhr
Do / Fr Ruhetag

Glück per Knopfdruck?

39 Das Zuse-Computer-Museum in Hoyerswerda

Kann Technik Glück bedeuten? Klar! Glück liegt immer im Auge des Betrachters. Zwar nostalgisch, aber unpraktisch: die Schreibmaschine. Ein Notebook hingegen passt in den Rucksack, ist in Schule, Uni und Beruf nicht mehr wegzudenken. Schnurtelefon an der Steckdose – unvorstellbar. Smartphonetelefonie mit Facetime, wenn Ozeane trennen und man sich sonst nicht sehen kann. Was für ein Glück, wenn man bei einer Autopanne Hilfe rufen kann. Bücher wälzen, um an Informationen zu kommen – mit einem Klick hat man alles Wissen der Welt sofort über Handy oder PC. Ob Musik, Fotografie, Auto oder Medizin – vieles ist digital mit exzellenten Ergebnissen.

Diesen ganzen Entwicklungen liegt nur ein einziger Baustein zugrunde: das mechanische Gehirn, genauer gesagt, der Computer als erste programmierbare Rechenmaschine der Welt. Erfinder dieser weittragenden Errungenschaft ist Konrad Zuse. Schon als 14-Jähriger erfand er in Hoyerswerda einen Münzeinwurf-Mandarinen-Automaten und tüftelte mit seinem Metallbaukasten an einem Verladekran für den Braunkohleabbau vor seiner Stadt. Es wundert nicht, dass man ihm hier ein Museum widmete. Mit Erfindung der ersten algorithmischen Programmiersprache leistete er Pionierarbeit.

In den Räumen sind alle Gerätschaften zu bewundern, die unsere Welt so verändert haben: der erste Röhrenrechner, der erste Plotter der Welt. Die Grundidee einer Rechenmaschine, erklärt an einem Sprossenrad mit Kurbelantrieb, eine riesige Adressiermaschine für den Postversand, Schaltwände hinter Glas. Heute kaum vorstellbar, dass ein Gerät mit 8500 Wörtern Speicherkapazität in den 1960er-Jahren 180.000 DM gekostet hat. Es war Zuses weltweit erfolgreichster Transistorrechner. Das versetzt einen doch ganz schön in Staunen.

Wem das alles zu viel Technik ist, der kann sich in der Kunstausstellung seine Glücksmomente holen, denn Zuse war auch ein begnadeter Maler. Seine Bilder strahlen nur so von farbiger Lebendigkeit und Rhythmik in der Komposition. Einfach ansehen und freuen.

TIPP

Das Zuse-Hochhaus in der Virchowstraße gleicht nachts mit den aufleuchtenden LEDs an den Balkonen der Rechenmaschine Z3.

● ZCOM Zuse-Computer-Museum, Dietrich-Bonhoeffer-Straße 1–3, 02977 Hoyerswerda, Tel. (0 35 71) 2 09 60 80, www.zuse-computer-museum.com
● ÖPNV: Ab Bahnhof Hoyerswerda Bus 1, 259, 794, Haltestelle Albert-Einstein-Straße (200 Meter zu Fuß)

ZUSE Z 23
Magnettrommelspeicher
Speicherwerk
Kernspeicher
Leit- und Rechenwerk

Vom Korn zum Kuchen

40 Bockwindmühle und Schaubackstube Kottmarsdorf

Kottmarsdorf am Fuß des Berges Kottmar zählt zu den höchstgelegenen Orten der Oberlausitz. Auf dem dortigen Pfarrberg steht inmitten einer weiträumigen Wiesen- und Feldlandschaft auf 435 m Höhe eine Bockwindmühle, von deren Standpunkt aus man ohne Sichtbegrenzung von Bäumen das weite Panorama rundum genießen kann. Zu diesem Zweck wurden eigens um die Mühle herum rote Bänke aufgestellt, was mit dem grünen Land schon aus der Entfernung ein einzigartiges Bild ergibt. Zu der Mühle gesellen sich noch das historische Müllerhaus mit einer Schaubackstube, der Originalantrieb einer Mühle aus Schönbach und ein Mühlenrestaurant mit gutbürgerlicher Küche.

Hundert Jahre lang war die Mühle von 1843 im Einsatz, jedoch nach dem Tod des letzten Müllers dem Verfall preisgegeben. Erst 1961 engagierte sich ein Lehrer mit einheimischen Schülern für den Erhalt der Mühle. Granatsplittereinschläge des letzten Krieges wurden beseitigt, Eisenteile entrostet, Fenster erneuert, und um Gerüstkosten zu sparen, wurden Bergsteiger engagiert, die angeseilt neue Dachbahnen zogen. Schritt für Schritt wurde die Mühle funktionstüchtig gemacht und dreht sich seit 1993 wieder um die eigene Achse.

Beim jährlichen Mühlentag kann man selber Hand anlegen und mit vereinten Kräften erproben, was es bedeutet, den 50 Tonnen schweren Holzriesen mit Drehbalken und Kette im Kreis zu bewegen, um die Flügel nach dem Wind auszurichten. Früher übernahmen das häufig Nutztiere wie Pferde oder Esel.

Natürlich ist die Mühle von innen zu besichtigen. Es gibt auch ein Museum im Müllerhaus mit einer historischen Bauernstube und einen Mühlenrundweg durch den Ort. Highlight sind aber zweifelsohne die Backtage, an denen wie zu Omas Zeiten in einem altdeutschen Steinbackofen knusprige Brote und Oberlausitzer Kuchen gebacken werden, die man an Ort und Stelle noch warm verzehren kann. Hobbybäcker und Heimatfreunde tun alles, um an ausgewählten Tagen das Herz der Besucher mit ihrem Schaubacken zu erfreuen. Mmh, wie das duftet!

TIPP

Bei Kottmarsdorf befindet sich auch eine der drei Spreequellen, wo Zwerg Gerbod Gäste mit Spreewasser tauft.

● Bockwindmühle Kottmarsdorf, Obercunnersdorfer Straße 4, 02708 Kottmar, OT Kottmarsdorf, Tel. (03 58 75) 6 23 95, www.kottmarsdorf.de/muehle.htm
● ÖPNV: Ab Bahnhof Neugersdorf 200 Meter Fußweg zur Neugersdorfer Volksbank, dann Bus 30, Haltestelle Kottmarsdorf Kretscham (400 Meter zu Fuß)

Geweihgerangel zur Erikazeit

41

Unterwegs in der Königsbrücker Heide

Ein echter Geheimtipp und wenig bekannt ist die Königsbrücker Heide. Das ist erstaunlich, denn mit 70 Quadratkilometern gehört sie zu den größten zusammenhängenden Naturschutzgebieten Mitteleuropas. Bis 1992 war sie noch Militärgelände. Als die letzten Truppen das Areal verließen, verblieb eine karge baumlose Sandwüste, angehäuft mit Schrott, Betreten lebensgefährlich.

Mit viel Aufwand wurden notwendige Wege und Plätze von Minen befreit, und man wagte das Experiment, das Land sich selbst zu überlassen. Nach und nach entstanden auf sandigen Böden und Dünen in drei Jahrzehnten traumhafte Heidelandschaften, Birkenwälder und kristallklare Gewässer. Teilweise liegen die unterschiedlichen Biotope so dicht aneinander, dass sie eine unglaubliche Fülle an Lebewesen hervorbrachten. Selbst Tiere, die vom Aussterben bedroht sind, haben sich wieder angesiedelt. Einige brauchen genau solche offenen Flächen zur Nahrungssuche. Vom Menschen nicht gestoppte Überschwemmungen lassen in wenigen Stunden aus trockenen Flussniederungen Auenlandschaften entstehen, sodass die Natur sogar Urzeitkrebse und auf Feuchtwiesen fleischfressende Pflanzen hervorzauberte. Fischotter, Biber und Rotbauchunken sind hier zu Hause. Gefiederte Zuwanderer sind Seeadler, Eisvögel und Kraniche, und in den Waldflächen hat neben Füchsen und Wildschweinen der Wolf eine neue Heimat gefunden. Oft lassen sich viele Arten von einer Stelle aus beobachten.

TIPP
Fernglas und Kamera mitnehmen!

Insgesamt gibt es sechs Besucher-Rundwege, einen 50 Kilometer langen Radweg und Aussichtstürme. Die Pfade kann man eigenständig zu Fuß durchwandern, man bucht eine Rangerführung oder eine dreistündige Bustour durchs Terrain. Empfehlenswert sind die strahlend gelbe Blüte des Besenginsters auf weiten Flächen im Mai und die purpurfarbene Heideblüte Ende August. Mit etwas Glück kann man im September während der Hirschbrunft aus unmittelbarer Nähe Hirsche beobachten, die mit ihren Geweihen kämpfen, mit lautem Röhren ihr Revier abgrenzen und ihr Rudel zusammentreiben.

- Königsbrücker Heide, verschiedene Besucherpfade; Bustour ab NSG-Verwaltung Königsbrücker Heide, Weißbacher Straße 30, 01936 Königsbrück, Tel. (03 57 95) 4 99 01 40, www.koenigsbrueckerheide.eu
- ÖPNV: Ab Bahnhof Königsbrück Bus 159, 171, 311, 312, Haltestelle Weißbacher Straße (300 Meter zu Fuß)

Sorbische Volkskunst am Ei

42

Kurioses im Ostereiermuseum Sabrodt

Um Hoyerswerda, Weißwasser und Spremberg ist es Brauch, seinen Patenkindern zu Ostern bunt bemalte Eier zu schenken. Aber keine gewöhnlichen, denn in wochenlanger Arbeit werden kleine Kunstwerke gefertigt. Nach sorbischer Tradition bekommt jedes Kind von seinen Paten als Geschenk zwei bis drei Eier. Wer mehrere Patenkinder hat, muss also frühzeitig anfangen, denn das Bemalen eines einzigen Eis kann mit Färben und Tupfen der feinen Muster mitunter bis zu zwei Tage dauern.

Zum Verzieren gibt es verschiedene Techniken. Winzige Federkiele oder Stecknadelköpfe dienen bei der Bossiertechnik dem Auftrag von bunten Wachstupfen und -dreiecken. Bei der Ätztechnik wird mit Salzsäure das Muster aus dem gefärbten Ei geätzt, und bei der Kratztechnik entfernt man mit einem scharfen Messer die Farbe zu kunstvollen Ornamenten. Alle Arbeiten erfordern großes Geschick und Übung, denn es passiert immer wieder, dass nach vielen Stunden Arbeit ein Ei zerbricht.

In den Dörfern werden auch heute noch in vielen Familien am Karfreitag Eier verziert. Schon Wochen vorher finden hier Ostermärkte und Ausstellungen statt. Wettbewerbe um das schönste sorbische Osterei gibt es in Bautzen. Man kann den Künstlern bei der Arbeit zusehen und sich selbst in der Volkskunst des Eierverzierens probieren. Kuriositäten gibt es im Ostereiermuseum Sabroth. Dorothea Tschöke beherrscht alle Techniken und hat eine beachtliche Sammlung aus aller Welt zusammengetragen. Darunter russische Babuschkas, Parfümflakons, Clowns mit Knubbelnasen, Eier als Spieluhr oder Leuchtobjekt. Zu sehen in Vitrinen und als Schmuck des Osterbrunnens vorm Haus. Für die Sammlung hat sie auf Märkten eigene Eier getauscht, andere erworben. Interessierte können bei ihr in Kursen das Eierverzieren erlernen. Was sie mit den ganzen Dottern und dem Eiklar der ausgeblasenen Eier macht? Die bekommen ihre kannibalischen Hühner und der Kater, außerdem erfüllen sie ihren Zweck als Blumendünger, fürs Haar und Gesicht. Na dann …

TIPP
Museumsbesuche bitte vorher anmelden.

- Ostereiermuseum Sabrodt, Dorfstraße 41, 02979 Elsterheide, OT Sabrodt, Tel. (0 35 64) 2 20 45 oder (01 73) 3 82 27 25, www.ostereiermuseum.de
- ÖPNV: Ab Bahnhof Hoyerswerda Bus 158, Haltestelle Sabrodt Gasthaus

Hoyerswerda
Wojerecy

Vom Müller und Zauberer

43 Sagen um die Krabat-Mühle in Schwarzkollm

Ganz in der Nähe von Hoyerswerda steht im Ort Schwarzkollm eine Mühle, die auch Teufelsmühle genannt wird. Hier wohnte einst ein böser Müller, bei dem ein junger Mann arbeitete und das Zaubern erlernte. So die Sage. Rund um die beiden, die Mühle und das Zaubern werden allerlei Geschichten erzählt. Belegt ist nur, dass an dieser Stelle schon im 17. Jahrhundert eine Mühle gestanden hat. Wie der junge Mann hieß und wo er herkam, ist nicht bekannt. Möglicherweise gab man ihm wegen seines fremdartigen Aussehens den Namen Krabat, was sich wahrscheinlich von „Kroate" ableitet. Mit seinen Zauberkräften soll er den Bauern geholfen haben, ihre Äcker fruchtbar zu machen, bei Trockenheit schickte er Regen und verstand es, auf einem Ochsen durch die Luft zu reiten. Am Ende besiegte der gute Krabat den bösen Müller, und die Mühle brannte nieder.

Was Wahrheit ist und was erfunden, weiß keiner so genau. Die niedergeschriebenen Geschichten gelten als verschollen, und so wurden rund um Krabat aus den überlieferten Bruchstücken immer wieder neue Zusammenhänge gesponnen, zum Teil völlig widersprüchlich, aber nicht weniger spannend.

TIPP
Im Laubengang Buttermilchplinsen und schwarzes Eis genießen.

Zu jeder Zeit gab es Menschen, die auf der Suche nach Krabats Spuren waren. Außer einer Scheune und dem Mühlstein war nichts mehr zu finden. Also versetzte man vor einigen Jahren eine denkmalgeschützte Scheune, baute einen Mühlenturm und machte sie mit einem Wasserrad zur „Schwarzen Mühle". Man sparte nicht an historischer Bauart und Einrichtung und schuf in Ergänzung mit Gesindehaus, Laubengang und dem Haus des Müllers ein ganzes Gehöft, wo regelmäßig allerlei Veranstaltungen rund um Krabat stattfinden. Open-Air-Filmnächte, Folklorefeste, Krabat-Festspiele mit Musik, Trachtengruppen, Menschen in Wolfskostümen und mystische Gestalten locken die Besucher an. Im zugehörigen Haus des Müllers kann man in zünftigem Ambiente sorbische Küche genießen. Egal ob historisch Interessierte, Mystiker oder Familien mit Kindern – hier lässt sich jeder gern verzaubern.

- Krabat-Mühle Schwarzkollm, Koselbruch 22, 02977 Hoyerswerda, OT Schwarzkollm, Tel. (03 57 22) 95 11 33
www.krabat-muehle.de; www.krabat-festspiele.de
- ÖPNV: Ab Bf. Hoyerswerda Bus 5, Haltestelle Schwarzkollm Krabatmühle

Im Mohnblütenrausch

44

Lila Modellacker „Dubina" in Wartha

Beim Gedanken an ein Mohnfeld kommt einem gleich Dorothy auf dem Weg zum Zauberer von Oz in den Sinn, wie sie mit ihren Freunden Zinnmann, Vogelscheuche und Löwe zwischen den roten Blüten berauscht in den Schlaf sinkt. Bisher haben wohl die Allerwenigsten von uns je ein blühendes Mohnfeld gesehen. Das gibt es in Deutschland nämlich so gut wie gar nicht. Weniger als fünf Prozent unseres Mohnbedarfs werden hierzulande angebaut. Den größten Teil für die leckeren Mohnbrötchen und allerlei Süßspeisen importieren wir aus der Tschechischen Republik und der Türkei.

Auf einem Modellacker in Wartha wurde im Jahr 2019 das erste Mal lila blühender Wintermohn angebaut, und es wurde ein voller Erfolg, für Wildbienen, Hummeln, Schmetterlinge und – Brötchen. Aber auch Graugänse haben ihre Freude an den kleinen schwarzen Samen. Schon vor der Blüte hatten sie im Versuchsjahr bereits ein Drittel gefressen. Ein paar Vogelscheuchen, und das Problem war gelöst. Die ertragreichen Erntejahre in Folge versprachen mehr.

TIPP

Unbedingt Zeit für eine Wanderung über den Naturerlebnispfad Guttauer Teiche und Olbasee mitbringen.

Wer im Juni die Oberlausitz besucht, sollte die Mohnblüte in Wartha nicht verpassen. Denn dann erwartet den Besucher ein Fest der Sinne. Entlang des Naturerlebnispfads „Guttauer Teiche und Olbasee" entfaltet sich auf drei Hektar Ackerfläche ein lila Blütenmeer. Zahlreiche Besucher – Menschen wie Insekten – werden angelockt. Überall summt und brummt es, wenn die fliegenden Artgenossen sich an Pollen und Nektar laben. Die tiefvioletten Blütenkelche wiegen sich sanft im Wind unter der Sommersonne, die die Samen reifen lässt.

Der Anbau der besonderen Ackerfrucht erforderte allerdings vorab eine Genehmigung vom Bundesamt für Arzneimittel und Medizinprodukte. Keine Angst – der lila Wintermohn enthält nur sehr wenig Morphin und ist daher erlaubt. Und so kann man sich im Oktober auf den leckeren Oberlausitzer Mohnkuchen und Mohnstollen, Mohnbrötchen und Mohnöl aus heimischem Anbau freuen. Oder ein Säckchen Backmohn für die eigene Küche erwerben.

- Modellacker „Dubina" in Wartha, ab dem Haus der Tausend Teiche, Warthaer Dorfstraße 29, 02694 Malschwitz, Tel. (03 59 32) 3 65 60
- ÖPNV: Ab ZOB Bautzen Bus 106, Haltestelle Wartha bei Bautzen

Wohnschiff im Garten

45

Der „Nudeldampfer" Haus Schminke in Löbau

Normalerweise verbindet man ein Schiff mit Wasser. Dieses hier steht aber in einem parkähnlichen Garten. In Wirklichkeit handelt es sich um kein Schiff, sondern um ein Wohnhaus. Der Architekt Hans Scharoun baute es 1930 für den Nudelfabrikanten Fritz Schminke, dessen Frau und seine vier Kinder. Platz für Besuch sollte es auch noch haben, so Schminkes Wunsch. Das Haus sollte modern, funktionell und etwas Besonderes sein. Der Architekt griff die Wünsche seines Bauherrn auf und zauberte daraus eines der bedeutendsten privaten Wohnhäuser des 20. Jahrhunderts.

Von außen wirkt es durch seine Formgebung wie ein großes Passagierschiff mit zwei Decks, umgeben von einer Reling. Verschiedene Bullaugenfenster unterstreichen diesen optischen Eindruck. In dem Haus wurde viel Glas verbaut, was dem Ganzen einen hellen, lichtdurchfluteten Charakter verleiht. Vor allem im Dunkeln erstrahlt das Gebäude wie ein voll besetzter Dampfer, in dem Feier- und Galastimmung herrschen. Man hört beinahe das Geplauder und Lachen der Passagiere, den Pianospieler und das Geklimper von Gläsern.

TIPP

Man kann das Haus auch mieten, darin übernachten oder feiern.

Wer das Haus betritt, wird umfangen von einer Symphonie architektonischer Kunst. Die Räume fließen quasi ineinander, nicht alles ist rechtwinklig. Überall Glas, wohin man schaut. Es fühlt sich an, als sei man im Garten, so frei ist der Blick nach draußen. Eine schräge Glasfront bis zur Terrasse hin erweckt mit ihren integrierten Kippfenstern und dem Wintergartenbeet im Innern den Eindruck, als befinde man sich in einem großen Gewächshaus. Raffiniert ist auch die Beleuchtung des Wintergartens: Eine fast raumfüllende Lochplatte hängt unter der orange gestrichenen Decke. Beim Einschalten der indirekten Beleuchtung reflektieren die Leuchtmittel das Orange wie Kreise senkrecht in den Raum und schaffen eine warme Atmosphäre.

Wer neugierig auf die einzigartige Küche und weitere beeindruckende Räume ist, sollte in das Architekturdenkmal eintauchen, von den Weiten des Ozeans träumen und den freien Blick in die Natur genießen.

- Stiftung Haus Schminke, Kirschallee 1b, 02708 Löbau, Tel. (0 35 85) 86 21 33 www.stiftung-hausschminke.eu
- ÖPNV: Bahnhof Löbau (1 Kilometer zu Fuß)

Rothaut und Bleichgesicht

46

Karl-May-Spiele in Bischofswerda

Jeder kennt seine Bücher oder zumindest seinen Namen. Er wurde in Ernstthal geboren und ist dort aufgewachsen. Seine letzte Ruhestätte ist in Radebeul im Landkreis Meißen, wo es auch ein großartiges Museum über ihn gibt. Die Rede ist von Karl May.

Ihm zu Ehren finden auf der Waldbühne Bischofswerda jährlich die beliebten Karl-May-Spiele statt. Aufgeführt werden bekannte Werke wie „Winnetou I–III", „Old Shatterhand", „Der Schatz im Silbersee" oder „Unter Geiern". Jedes Jahr eine andere Episode. Das Besondere an den Cowboy- und Indianer-Abenteuern: Die Darsteller stammen aus allen Altersklassen, von zwei bis 80 Jahren. Es gibt an den Spieltagen meist zwei Vorstellungen, eine frühere für Kinder mit Kinderbesetzung und eine spätere mit jugendlichen und erwachsenen Darstellern. Die ganz Kleinen machen als Statisten mit, die Erwachsenen sind meist ehemalige Kinderdarsteller oder Eltern.

TIPP

Vom Bahnhof führt ein Indianerlehrpfad mit allerlei Rate- und Infostationen direkt zur Waldbühne.

Alle gehören einer Spielgemeinschaft an, die als Verein 1993 gegründet wurde. Seitdem werden hier mitreißende und spannende Theaterstücke aufgeführt, bei denen es Schießereien, Explosionen, Musik, Indianertänze und auch viel zu lachen gibt. Die Waldbühne bietet eine perfekte Kulisse. Winnetou und Old Shatterhand galoppieren aus dem Wald hervor, die Postkutsche jagt durch die Westernstadt. Über das Gewässer paddeln Indianer im Kanu, ein Stamm Rothäute führt wilde Tänze auf. Auch Greifvögel kommen zum Einsatz, die quer über die Spielfläche fliegen. Ein brennender Stuntman läuft durch die Szene, und es wird mit Pfeil und Bogen geschossen. Für Action ist gesorgt. Mehr als 80 Darsteller sind im Einsatz, nebst Pferden, Ziegen und jeder Menge Kleingetier. An Kostümen, Requisiten und Kulissen – vom Sheriff-Blockhaus bis zum Saloon – wird alles gezeigt, was man aus Karl-May-Filmen so kennt. Das ganze Spektakel dauert ca. 80 Minuten, Eintritt gibt es zum kleinen Preis. Über 11.000 Zuschauer kommen pro Jahr. Eine Empfehlung für alle kleinen und großen Westernfans und solche, die es noch werden wollen.

- Waldbühne am Schmöllner Weg, 01877 Bischofswerda
  www.karl-may-spiele-bischofswerda.de
- ÖPNV: Ab Bahnhof Bischofwerda Shuttle-Bus

Der fromme Weg

47

Über die Himmelsbrücke zur Kirche in Sohland

An der Grenze zu Tschechien, direkt an der Spree, liegt die verträumte Gemeinde Sohland. Das Ortsbild ist geprägt von zahlreichen Umgebindehäusern, die überwiegend aus dem 19. Jahrhundert stammen. Mitten hindurch schlängelt sich der Sohlander Dorfbach, mal sichtbar, mal unterirdisch. Unweit von der Ortsmitte leitet eine Straße mit dem bedeutungsvollen Namen „Himmelsbrückenweg" am Fuße des Frühlingsbergs zu einem besonderen Bauwerk. Eine fast spitz zulaufende Bogenbrücke, aus Granitsteinen erbaut, führt über den Dorfbach, umgeben von saftigen Wiesen und Schatten spendenden Bäumen – ein wahrhaft himmlischer Anblick.

Seit 1709 spannte sich an dieser Stelle eine Holzbrücke über den Bach. Sie diente als Kirchsteig über die Spree für die Gläubigen, die die Kirche im Ort jenseits des Flusses erreichen wollten. Als 1796 die Holzbrücke durch eine steinerne Brücke ersetzt wurde, gab man ihr – wegen ihres zur Mitte hin steilen Aufstiegs dem Himmel entgegen – den Namen „Himmelsbrücke". Einst wurde der schmale Übergang auch von Fuhrwerken befahren, heute dürfen das geschützte Kulturdenkmal nur noch Fußgänger passieren. Im Jahr 1938 wurde zum Hochwasserschutz der nahe gelegene Stausee geschaffen und die Spree reguliert. Seitdem fließt nur noch der Dorfbach unter der Brücke hindurch. Die Himmelsbrücke gilt als Wahrzeichen von Sohland und ist auch im Siegel und Gemeindewappen enthalten.

Wer sich die Brücke genau ansieht, wird den Schlussstein entdecken, der die Inschrift „Soli DE O Gloria" trägt. Aus Platzgründen wurden die Worte „Soli DEO Gloria", leicht verunglückt und falsch getrennt, eingemeißelt. Die Bedeutung ist dennoch klar: Allein Gott die Ehr! Auf der Rückseite hat man das Baujahr verewigt: 1796.

Ganz neu errichtet wurde wenige Meter weiter eine hübsche Holzhütte, die in der Bauweise eines Umgebindehauses gestaltet ist. Hier können Radfahrer und Wanderer eine Rast einlegen, in gemütlicher Atmosphäre an Bänken und Tischen Platz nehmen und ihre Butterbrote auspacken.

TIPP

An der Himmelsbrücke führen der Oberlausitzer Bergweg und der Spreeradweg vorbei.

- Himmelsbrücke, Himmelsbrückenweg, 02689 Sohland an der Spree www.sohland.de
- ÖPNV: Bahnhof Sohland (1 Kilometer zu Fuß); Bus 101, Haltestelle Rathaus (700 Meter zu Fuß)

Zwieback zum Trinken

48 Schusterlieb's Schaubrennerei in Neukirch

Was haben ein Zwiebackfabrikant und ein Fliesenleger gemeinsam? Sie kreieren Zwiebackschnaps!

Nun mal ganz von vorne: Fliesenleger Steffen Lindner verbrachte mit Ehefrau und Tochter den Sommerurlaub in Österreich. Dort probierten sie so viele leckere Mostsorten, dass Lindner die Herstellung des köstlichen Getränks zu Hause ausprobieren wollte. Er produzierte für sein Mostfest zu viel des süffigen Getränks. Seine Schnapsidee: Der Rest wird weiterverarbeitet – und zwar zu Hochprozentigem! Inzwischen sind er und seine Tochter Brennmeister, produzieren in Scheune und Keller Kartoffel- und Quitten-Brände, Kürbis- und Mispel-Geist, Birkenmet- und Zwiebackschnaps. Wie es zu Letzterem kam? Auf einem Neujahrsfest traf Lindner den ortsansässigen Zwiebackfabrikanten, sie taten sich zusammen, und das einzigartige Getränk war geboren.

Schusterlieb's Brennerei befindet sich in der ehemaligen Heulagerscheune auf dem großelterlichen Hof. Auf dem Gelände gibt es auch einen Gärkeller, einen Maischeraum, eine rustikale Gaststube voller Kuriositäten und einen kleinen Laden, wo man die geistvollen Köstlichkeiten kaufen kann. An fröhlichen Abenden sorgt ein Musikant mit Quetschkommode für beste Stimmung. Waschbrett und Teufelsgeige bringt er mit und drückt sie Gästen in die Hand, denn dann ist Mitmachen angesagt. Für mehr Spaß füllt Lindner zur Verkostung die Gläser seiner Gäste. Die sollen riechen, schmecken und raten, was drin ist. Zu essen gibt es eine Bretteljause mit frischem Brot und Schlachtzeug. Und um dem Ganzen noch eins draufzusetzen, dürfen die Gäste auf den Boden ins Museumszimmer und sich mit Omas Nachthemd, Betthaube und weißer Rüschenschürze bekleiden, um so zu fröhlicher Musik zu tanzen. Spaß ist auch auf dem Mostfest im Oktober garantiert, wenn die Gäste ins Badefass tauchen dürfen.

Und warum heißt Lindners Marke Schusterlieb's? Er verrät es und lacht: Zur Zeit seines Urgroßvaters verliebten sich die Magd und der Schuster und verdingten sich in der Scheune. In Schusterlieb's Scheune eben.

TIPP

Lohnenswerte Besichtigung, Verköstigung und Einkauf sind zu jeder Zeit möglich. Einfach klingeln.

- Schusterlieb's Schaubrennerei Steffen Lindner, Bautzener Straße 22 b, 01904 Neukirch/Lausitz, Tel. (03 59 51) 3 08 26, www.schusterliebs.de
- ÖPNV: Bahnhof Neukirch/Lausitz Ost (500 Meter zu Fuß)

Winkelhausen
Alte Reserve
Jeder muß an etwas glauben,
ich glaub ich trink noch einen!
PFOTEN
WEG
ULRICH KOTHE
ESLINGEN

Schutz vor Unbill

49 Die Blaue-Steine-Hütte in Wittgendorf

Wer mit offenen Augen zwischen Spitzkunnersdorf, Leutersdorf und Seifhennersdorf spazieren geht, kann sie manchmal am Feld- oder Waldrand liegen sehen: blau schimmernde Steine, die besonders kräftig leuchten, wenn es gerade geregnet hat.

Wenn man nicht weiß, wie bestimmte Naturphänomene zusammenhängen, sucht man nach Erklärungen und erzählt sich Geschichten, die über Generationen weitergegeben werden. Oft ranken sich mystische Sagen um solche Dinge, und Aberglaube macht sich breit. So wird seit alters her erzählt, dass von den Steinen magische Kräfte ausgehen, die vor Unheil schützen. Weder Katastrophen noch Unwetter könnten dem Land der blauen Steine etwas anhaben. Selbst Krankheiten wie die Pest haben die Gegend verschont, und der letzte Krieg war rechtzeitig aus, bevor die Truppen die blauen Steine erreichten. Viele solcher Geschichten haben sich zugetragen und liefern den „Beweis", dass an dem Mythos offenbar etwas dran ist. Eine mögliche Theorie zu den Feldrandfunden: Die Steine enthalten phosphorhaltiges Eisenoxid, das, eigentlich weiß, an der Luft intensiv blau wird. Das Eisen kommt aus dem Basaltgestein dieser Gegend und der Phosphor von der Jauche, die man über Jahrhunderte auf die Äcker brachte. Ob Wahrheit oder Märchen, es hindert die Leute nicht, an dem Mythos festzuhalten, und so gibt es die Pension Blaue Steine, die Schänke Blausteinhof, eine Hundezucht ist nach den blauen Steinen benannt, und sogar einem blauen Energy-Drink wurde ein Etikett mit dem Namen „Blaue Steine" auf den Bauch geklebt. Die Werbung verspricht Schutz vor dem Unbill der Welt.

Nett ist die Schutzhütte „Blaue Steine", wenn man von Wittgendorf aus Richtung Schlegel links in den Wald marschiert, immer dem Schild „Blaue Steine" nach. Die Hütte wird regelmäßig von heimlichen Heinzelmännchen mit ganz viel Deko geschmückt. Hier können Wanderer unentgeltlich eine Rast einlegen. Was für ein Glück, wenn man unterwegs einen blauen Stein gefunden hat, dann kann auf dem Rückweg nichts mehr passieren.

TIPP

Wer keinen magischen Stein entdeckt hat, kann im Jonsdorfer „Blaues Steine Paradies" einen kaufen.

- Schutzhütte Blaue Steine, Hauptstraße Richtung Schlegel, 02788 Zittau, OT Wittgendorf, Waldweg links, ab Wanderparkplatz 1,5 km Fußweg
- ÖPNV: Ab Bahnhof Zittau Bus 13, Haltestelle Viebig Kreuzung, über die Hauptstraße 500 Meter Richtung Schlegel, links in den Waldweg, dann 1,5 Kilometer zu Fuß

Hütten
Buch

Oberlausitz-art

50 De kleene Galerie im Wilthener Holzer-Häusel

Aus dem geöffneten Fenster des Hauses schaut eine Ziege, in ihrem Maul baumelt ein Schild mit den Worten: Füttern erlaubt. Vor dem Haus steht allerlei Kunterbuntes herum, und an der Haustür weht eine Flagge mit der Aufschrift „Oberlausitz Art".

Die lebensgroße Ziege im Fenster ist aus Holz geschnitzt, die bunten Skulpturen vor dem Haus sind von Künstlerhand gefertigt, und die Flagge ist das Zeichen, dass geöffnet ist und man eintreten darf. „De kleene Galerie" in Wilthen befindet sich in einem hübschen Umgebindehaus namens „Holzer-Häusel" mit reich verzierten Fensterläden, üppig blühenden Blumenkästen und viel Kunst im Inneren. Eine Mischung aus Zeichnungen, Holzschnitt-Drucken, Figuren, bunten Reliefs und geschnitzter Schriftgestaltung füllt Wände, Boden und Fensterbänke. Überall gibt es was zu entdecken. Das ist das Reich des Holzgestalters Jürgen Spottke. In den angrenzenden Ausstellungsräumen vervollständigt sich die Mischung aus Werkstatt, Treffpunkt und Galerie.

TIPP

Vorher anrufen, ob jemand da ist, oder bei gehisster Flagge einfach eintreten.

Ins Leben gerufen hat die Zusammenstellung sein Sohn Haiko Spottke, der nicht nur seinen Vater in dessen Kunstschaffen unterstützt, sondern auf einer von ihm ins Leben gerufenen Webseite regionalen Künstlern einen Auftritt und in Der kleenen Galerie Raum bietet, sich und ihre Werke zu präsentieren. „Ich weiß aus eigener Erfahrung, wie schwer es für unbekannte Künstler ist, in eine Galerie zu kommen und ihre Werke an den Mann zu bringen", erklärt der Fotograf und Dichter. Inzwischen haben sich über 40 Kunstschaffende auf „oberlausitz-art" vereint. Dazu gehören neben Malern und Bildhauern auch Schriftsteller und Fotografen.

Regelmäßig finden im Holzer-Häusel Lesungen und andere kleine Events statt. Man trifft sich, tauscht sich aus und freut sich über Besucher, die auch gerne kommen. In gemütlicher Runde kann man unterm Dach mit den Künstlern zusammensitzen und ins Gespräch kommen. Bei schönem Wetter setzt man sich einfach auf die Bank vors Haus und genießt den besonderen Zauber dieses heimeligen Orts.

- De kleene Galerie im Holzer-Häusel, Mittelstraße 48, 02681 Wilthen, Tel. (01 62) 4 78 29 01, www.oberlausitz-art.de
- ÖPNV: Bahnhof Wilthen (700 Meter zu Fuß)

ist, weil
haben -
t uns die
:Christsein
e Sohn, was du
ott genießt!
rn sich um
ind, das in ihr
d sich bekriegt.
n stiften und
as Kind Men=
ind, und vor
aß dich also
HAUS HEIMAT
GLORIA

De Nubbern

51 Im Oberlausitzer Mundarttheater Waltersdorf

„Die Menschen wollen lachen", sagt Frank Feurich, und damit liegt er goldrichtig. Er gehört zu einer Schar von ca. 30 Amateurschauspielern, die sich für den Erhalt der Oberlausitzer Mundart einsetzen. Das Ensemble nennt sich „De Nubbern", was auf Hochdeutsch „Die Nachbarn" bedeutet und die Menschen in diesem Sinne verbinden soll.
Entstanden ist das Theater 2008, als die Kommune Großschönau ihr 650-jähriges Jubiläum feierte. Zu diesem Anlass übten ein paar Einheimische ein historisches Theaterstück in Oberlausitzer Mundart ein, welches Spielern wie Zuschauern so gut gefiel, dass man an dem großen Erfolg festhielt und einen Verein gründete, der seither jedes Jahr ein neues Stück zur Aufführung bringt. Die Spielfreude und der Zuschauerandrang sind ungebrochen. Gezeigt werden historische Stücke von Oberlausitzer Mundartdichtern, die der heutigen Zeit angepasst werden, oder ganz neu geschriebene Werke. Zehn Aufführungen gibt die Laienspielgruppe im Jahr, einstudiert von einem professionellen Regisseur. Für die zauberhaften Kulissen, Requisiten und Kostüme sorgen die Mitglieder in Eigeninitiative.
Die typische Mundart zeichnet sich besonders durch ein rollendes R aus und enthält auch eigene Begriffe wie Abernmauke, Kasehitsche oder Kließlroaffer, was auf Hochdeutsch Kartoffelbrei, kleiner Schlitten und Büstenhalter bedeutet. Diese Wörter versteht nicht jeder auf Anhieb, aber alles ergibt sich aus der Handlung, und so lernt man nebenbei Äberlausitzsch. Im Alltag wird diese Mundart eher von älteren Leuten gesprochen und unterscheidet sich von Ort zu Ort. Verschiedene Mundartgruppen und Vereine setzen sich dafür ein, dass die Sprache erhalten bleibt und gepflegt wird. Kindern wird sie extra beigebracht. De Nubbern haben im Naturparkhaus/Niederkretscham ihre Proben- und Spielstätte gefunden. Der Theatersaal verfügt über 268 Plätze, der Eintritt liegt bei zehn Euro. „Hauptsache lustig" heißt das Motto, denn die Schauspieler wollen ihrem Publikum glückliche Stunden bereiten.

- De Nubbern – Oberlausitzer Mundarttheater, Naturparkhaus (Niederkretscham), Hauptstraße 28, 02779 Großschönau, OT Waltersdorf, Tel. (03 58 41) 21 46 www.denubbern.de
- ÖPNV: Ab Bahnhof Großschönau Bus 14, Haltestelle Waltersdorf Kirche

Filigranes zum Besteigen

52 König-Friedrich-August-Turm am Löbauer Berg

Die hübsche Stadt Löbau liegt direkt am Fuß des Löbauer Bergs, dessen Gipfel nur 1,8 Kilometer vom Stadtzentrum entfernt ist. Um das Wahrzeichen der Stadt zu sehen, muss man sich bis ganz nach oben auf den Weg machen. Dort steht ein einzigartiges Bauwerk: der König-Friedrich-August-Turm oder auch Gusseiserner Turm genannt. Es gibt mehrere Möglichkeiten, auf den Berg zu gelangen. Der kürzeste Weg ist zugleich der steilste. Er führt mitten durch den Wald und bringt Ungeübte ganz schön aus der Puste. Mit Kinderwagen kommt man hier nicht hoch. Dazu benutzt man besser den Weg parallel zur Straße, die bis zum Gipfel führt. Hier ist man zu Fuß ca. 35 Minuten unterwegs. Dafür kann man aber auf halbem Weg in dem denkmalgeschützten Berggasthof Honigbrunnen eine Pause einlegen, sich stärken und die Aussicht genießen. Nach weiteren 650 Metern erreicht man das Meisterwerk gusseiserner Baukunst.

TIPP
Direkt neben dem Turm ist die Turmgaststätte mit Biergarten und Übernachtungsmöglichkeit.

Der filigrane achteckige Turm besteht aus mehr als 1000 gegossenen Einzelteilen, ist 70 Tonnen schwer und 28 Meter hoch. Bäckermeister Friedrich August Brettschneider ließ ihn 1854 für seinen Namensvetter König Friedrich August erbauen, und so schmücken den Turm nicht nur Porträts des Königs, sondern auch allerlei Namen und Wissenswertes in Gold auf schwarzen Gussplatten.

Zum Turm hinauf gelangt man nach Einwurf von zwei Euro vor dem Drehkreuz zu den 120 Stufen nach oben. Man sollte schwindelfrei sein oder einfach nicht nach unten schauen, wenn man die Wendeltreppe emporsteigt, denn man kann von oben bis unten durch den ganzen Turm hindurchsehen. Von drei Emporen aus lässt sich die Aussicht genießen. Der beste Blick offenbart sich aber erst auf dem obersten Podest. Hier bietet sich ein Rundumblick über die Oberlausitz und das Zittauer Gebirge. Bei gutem Wetter reicht die Sicht bis zu 80 Kilometer weit. Ganz oben, umgeben von Bäumen und frischer Luft, versteht man das Motto des Bäckermeisters und Turmbauers: „Je weiter der Blick, desto freier das Herz!“

- König-Friedrich-August-Turm, Löbauer Berg, 02708 Löbau
www.loebau.de
- ÖPNV: Ab Bf. Löbau Bus 67, Haltestelle Löbau Ost (2,5 Kilometer zu Fuß)

Vom Massiv zur Steilwand

53 Steinbrüche am Granitabbaumusem in Königshain

Im Osten der Oberlausitz befindet sich das Granitgebiet Königshainer Berge. Erosionen ließen in der Gegend bizarre Felsformationen entstehen, wovon viele durch 180 Jahre Granitabbau nahezu verschwunden sind. Übrig blieben senkrechte Felswände, und die Löcher davor füllten sich zu wunderschönen klaren Seen. In Königshain liegen gleich mehrere davon nebeneinander, die man gut zu Fuß erwandern kann. Wer sich den ehemaligen Firstenstein vorgenommen hat, kommt am Granitabbaumuseum vorbei, wo man vieles über das Leben und die schweren Tätigkeiten der Steinarbeiter erfahren kann. Auch der Werdegang vom Stein zum Bruch und die Verarbeitung des Materials zu Pflastersteinen werden anschaulich erklärt.

Für einen Besuch des Museums und des Firstensteinbruchs muss man schon eine kleine Wanderung auf sich nehmen, die sich aber ohne Anstrengung bewältigen lässt, da die Steigung gering ist und die Waldwege breit und bequem zu gehen sind. Hinter dem Museum beginnt in Richtung Firstenstein ein frei zugängliches Außengelände mit Lokschuppen und Windenhäusern, Kipploren und anderen Gerätschaften. Weiter geht es durch den Wald, bis sich die imposante Granitwand auftut. Von oben hat man einen herrlichen Blick auf den klaren See, in dem sich je nach Wetterlage und Sonnenstand Felsen, Bäume, Himmel und Wolken spiegeln. Auf dem Weg nach unten gibt es mehrere Stellen, die die Sicht aus verschiedenen Perspektiven ermöglichen.

TIPP
Startpunkt ist der Wanderparkplatz Dorfstraße, wo eine Tafel auch die anderen Steinbrüche beschreibt.

Unten angekommen, trifft man neben dem großen Steinbruch auf einen kleineren direkt daneben, der mit dem zugehörigen See genauso schön anzuschauen ist. Dazwischen liegen jede Menge Bruchsteine, die bis zur oberen Abbruchkante der Felswand hinaufführen. Klettern und Baden sind verboten, aber wer mag, findet auf den Steinen zwischen den beiden Seen ein Plätzchen zum Sitzen. Ein himmlischer Ort der Stille, der zum Ausruhen, Betrachten und Genießen einlädt. Die Füße ins Wasser halten, die Sonne auf der Haut spüren und dem Zwitschern der Vögel lauschen – was kann es Schöneres geben?

- Firstensteinbruch und Granitabbaumuseum Königshainer Berge, Dorfstraße 163b, 02829 Königshain, Tel. (03 58 26) 6 01 27 www.museum-oberlausitz.de
- ÖPNV: Ab Busbahnhof Görlitz Bus 145, Haltestelle Oberdorf, Königshain (1,5 Kilometer zu Fuß)

Auf der Eselakademie

54 Lernen mit Langohren am Eselhof Nechern

Das Halten von Eseln will gelernt sein. Wer mit dem Gedanken spielt, sich einen Esel anzuschaffen, sollte in Nechern zur Schule gehen. Wenn der Esel nicht so will, wie man selbst, kann man an der Eselakademie in zahlreichen Kursen lernen, worauf es im Umgang und bei der Erziehung der liebenswerten Langohren ankommt. Mulis und Esel haben nämlich ihren eigenen Charakter. „Störrisch wie ein Esel" heißt eine Redensart. Das Grautier wehrt sich gegen das Halfter, will nicht weitergehen. Was tun? Auf solche Fragen gibt es auf dem Eselhof Antworten, die man direkt an Ort und Stelle ausprobieren kann. Von Bodenarbeit über Zäumung, Fahren von Gespannen, Eselkunde, Verhalten der Tiere und Herdenverband bis zur Verkehrsordnung, Hausapotheke und zu Erste-Hilfe-Maßnahmen am Esel wird kein Thema ausgespart.

TIPP
Unbedingt immer vorher anmelden!

Für alle Besucher, die einfach nur eine schöne Zeit mit den Fellnasen verbringen möchten, gibt es auf dem Eselhof ein reichhaltiges Angebot, zum Beispiel Eselwanderungen. Wer möchte, kann ein ganzes Wochenende mit einem tierischen Begleiter verbringen, ihn versorgen und mit ihm durch die Heide- und Teichlandschaft wandern. Sogar Rollstuhlfahrern ist es nicht verwehrt, über holprige Wanderwege an den Eselausflügen teilzunehmen. Der eigene Rolli wird ohne Umsteigen auf dem Rollino gesichert, und los geht´s. Was für ein tolles Erlebnis!

Das weiche Maul, die langen Plüschohren und die großen braunen Augen lassen nicht nur Kinderherzen dahinschmelzen, die Ruhe und Gelassenheit der Tiere geben auch Erwachsenen jeden Alters eine Auszeit vom Alltag und tun der Seele gut. Die Tiere sind einfach niedlich und lieben es zu kuscheln. Schnell hat man drei Esel um sich herum, die mit ihren Nasen schubsen und geknuddelt werden möchten. Wer kann da schon widerstehen? Auf Kindergeburtstagen geht es gemeinsam mit den Eseln auf Schatzsuche. Und eine Fahrt mit der drei- oder vierspännigen Eselkutsche gibt es für Familienausflüge wie für Hochzeitspaare auf dem Weg zur Kirche. Wenn das keine Fahrt ins Glück ist!

- Eselhof Nechern, Riegelstraße 7, 02627 Nechern, Tel. (03 58 76) 4 14 27
www.eselhof-nechern.de
- ÖPNV: Ab ZOB Bautzen Bus 108, Haltestelle Abzweig nach Brießnitz (700 Meter zu Fuß)

Uhrzeit vom Himmel

55

Auf dem Sonnenuhrenpfad in Taubenheim

Ohne Batterien und Strom funktionierten die Zeitmesser der Antike. Auch heute noch lassen sich Stunden und Minuten mit einem kleinen Stab bestimmen. Wie Sonne und Schatten die Zeit anzeigen, kann man im Dorf Taubenheim der Gemeinde Sohland an nicht weniger als 46 Exemplaren beobachten, denn hier verläuft der Sonnenuhrenpfad. Den Anfang machte Martin Hölzel, der zwischen 1977 und 1994 zwölf Sonnenuhren baute und restaurierte. Inzwischen hat sich die Zahl der Sonnenuhren vervielfacht. Peter Domschke ist Hölzels Nachfolger und Sonnenuhrenbeauftragter, der sich um den Erhalt der Sonnenuhren kümmert und auch neue anfertigt. Eine arbeitsintensive Aufgabe. Aussehen, Größe, Standort und Material der sehr fantasievollen und dekorativen Lichtzeitmesser sind ausgesprochen vielfältig. Sie reichen von kunstvoller Steinmetzarbeit in Granit bis zu Holz- und Metallplatten, in die Motive geätzt und anschließend bunt bemalt wurden. Sie hängen an Hauswänden und -giebeln, stehen auf Sockeln in Gärten und geben Auskunft über die einstigen Bewohner der Häuser, häufig mit kleinen Geschichten erklärt. Die Uhren zeugen vom Handwerk und von der Historie des Ortes oder enthalten religiöse Symbole und Sprüche.

TIPP

In den Ortsteilen Sohland und Wehrsdorf gibt es ebenfalls jede Menge Sonnenuhren zu entdecken.

Die Dampflokomotive auf einer Sonnenuhr weist auf das Bahnerhäuschen hin und unterstreicht das mit passendem Text im Oberlausitzer Dialekt. Eine Gedenkuhr an die Toten der Gemeinde hängt an der Trauerhalle, lachende Kinder mit Schafen und Kühen zeigen die Uhrzeit am Kindergarten. Als Geschenk zur Goldhochzeit diente eine Sonnenuhr, für eine andere wurde eine im Schuppen vergessene Satellitenschüssel kunstvoll umgebaut. Flügel und Geige erinnern an eine Musikerfamilie. Und die blumenverzierte Sonnenuhr bekam eine Familie geschenkt, weil sie sich während des Urlaubs der Nachbarn ums Gießen kümmerte. Egal, wo man hinschaut, diese spannende Uhrentour durchs Dorf ist ein Erlebnis. Ein Flyer zeigt den Weg, oder man bucht eine Führung. Auch wenn es regnet: Auf diesem Pfad ist man auf jeden Fall auf der Sonnenseite.

- Sonnenuhrenpfad, Start: Sohlander Straße 31, 02689 Taubenheim/Sohland a. d. Spree, Sonnenuhrenbeauftragter: Peter Domschke, Tel. (03 59 36) 3 43 18 www.sohland.de
- ÖPNV: Ab Bahnhof Sohland a. d. Spree Bus 101 und KBS 235, Haltestelle Taubenheim Busbahnhof

ICH ERNST JULIUS KRETSCHMAR
BAUER UND
FEUERWEHR-HAUPT-MANN ALL-HIER
XVIII XVII XVI XV XIV XIII XII XI X IX
Dieses
wurde erbaut 1753
1926
VOR ABBRUCH BEWAHRT
BEI SPREEREGULIERUNG
BRÜCKEN- UND
STRASSEN-NEUBAU ERHALTEN
IV V VI VII VIII IX X XI

Dixieband im Dampfzug

56

Unterwegs mit der Zittauer Schmalspurbahn

Schon von Weitem sieht man die mächtige Dampfwolke nach oben steigen. Die Zisch- und Pfeifgeräusche deuten zweifelsfrei auf eine Dampflokomotive hin. Auf der Dampfbahn-Route Sachsen begegnet man immer wieder historischen Schienenfahrzeugen, die so manches Herz höherschlagen lassen. Einmal wie in alten Zeiten unterwegs sein. Reisen wie unsere Urgroßeltern. Ein Zugführer, der mit seiner Trillerpfeife das Signal zur Abfahrt gibt. Lokgeräusche, das immer schneller werdende Sch-sch-sch, wenn die Lokomotive sich langsam in Bewegung setzt. Wer möchte da nicht einsteigen?

Mit der Zittauer Schmalspurbahn ist das für jedermann möglich. In einem normalen Waggon oder in einem offenen Aussichtswagen. Ein besonderes Erlebnis ist die Fahrt mit der offenen Variante bei sonnigem Wetter. Gemütlich tuckert die Schmalspurbahn über die 750-mm-Gleise. Der Blick ist frei in alle Richtungen, wenn man durchs Zittauer Gebirge bewegt wird. Der Fahrtwind weht ins Gesicht, vorne die Lok, die ihren Dampf in die Luft pustet, rundum Wiesen, kleine Ortschaften, Menschen am Wegrand, die den Passagieren zuwinken. Hier möchte man ewig weiterfahren. Auf der Strecke von Zittau nach Oybin oder Jonsdorf werden zahlreiche Bahnerlebnisse geboten. Von Mai bis September ist an jedem zweiten Sonntag in Richtung Oybin ein Musikzug unterwegs. Zwischen zwei Aussichtswagen wird ein Kapellenwagen gekoppelt, auf dem eine Dixieband die Fahrgäste mit Livemusik unterhält. Mit Saxophon, Schlagzeug und Banjo macht die Fahrt durchs Zittauer Gebirge doppelt Spaß.

Erlebnisreich ist auch eine Fahrt mit dem Burg-und-Kloster-Zug. Begleitet werden die Fahrgäste von einer historisch gekleideten Magd, die Geschichten links und rechts der Bahnstrecke zu erzählen weiß. Im Theaterwagen in Oybin sorgt die Theatertruppe „Kurzweyl" für heitere Momente, und wer möchte, kann den Vierte-Klasse-Personenwagen in Bertsdorf als Standesamt nutzen und sich in seiner persönlichen Traumkulisse das Jawort geben. Ein richtiger Glücksort eben.

TIPP

In Oybin stehen auf einem stillgelegten Gleis zwei schicke Waggons mit Küche, Bad, Schlaf- und Wohnbereich zum Mieten für Urlauber.

● Zittauer Schmalspurbahn, Bahnhofstraße 41, 02763 Zittau, Tel. (0 35 83) 54 05 40
www.zittauer-schmalspurbahn.de
● ÖPNV: Bahnhof Zittau

99 749

Orangenduft & Sonnengruß

57

Löbaus Wohlfühlladen in der Hopfenblüte

Was zum Verkosten, was zum Anziehen, zum Sich-selber-und-anderen-Schenken, was zum Verwöhnen und Wohlergehen, für Geist und Seele – alles, was glücklich macht und guttut, erwartet einen in dem roten Giebelhaus mit dem treffenden Namen „Wohlfühlladen in der Hopfenblüte". Es reiht sich mit zwei anderen Häusern der gleichen Bauart vom Altmarkt in die Badergasse. Der Name Hopfenblüte ist so alt wie das Gebäude. Trugen ihn doch über Jahrhunderte mehrere Gaststätten, die in diesem historischen Gemäuer ansässig waren. Bei der Grundsteinlegung 1534 konnte keiner ahnen, dass diese drei Häuser die einzigen sein würden, die den Stadtbrand 1710 überleben würden. Heute sind die Denkmalbauten wunderschön restauriert. Klar, dass Verena Gebler den Traditionsnamen beibehielt, als sie hier ihren Wohlfühlladen einrichtete.

Wer sich etwas Schönes gönnen möchte, tritt einfach ein und wird bestimmt neue Lieblingsstücke entdecken. Neben Naturkosmetik findet man Duftlampen, Regenwaldkaffee und Bio-Tee, Wohlfühlkleidung aus Seide, Leinen und Baumwolle, handgemachten Blütenschmuck, Lebenshilfebücher, Klangschalen, kunterbunte Schwimmkerzen, Badepralinen und Glücksbringer. Der Hit sind Mandala-Taschen nach einer Idee der Inhaberin. Es gibt sie in allen möglichen Farben, bestickt mit kreisrunden filigranen Ornamenten. Eine rote Tasche steht für Kraft, Liebe, Wohlstand und Mut, Blau verkörpert Ruhe, Klarheit und Fantasie. Ob man die Handtaschenfarbe nach Bedeutung oder Bauchgefühl auswählt, ist jedem selbst überlassen.

Schön sind die Bade-Wohlfühl-Pakete, bestehend aus Badezusätzen, Zitronenseife, Bodylotion und Räucherstäbchen. Oder die tollen Sprays für die Handtasche mit so geheimnisvollen Namen wie Frauenwohl, Herzenswärme oder Lebenslust. Frauenwohl zum Beispiel erfrischt und wirkt ausgleichend; hinter Herzenswärme verbirgt sich eine duftende Umarmung aus Rosengeranie und Sandelholz. In die erste Etage locken Yogakurse für eine entspannende Auszeit. So einfach geht Glück.

TIPP

Für Urlauber wird mehrmals in der Woche „Sommeryoga auf der Wiese" angeboten. Einfach nachfragen.

- Wohlfühlladen in der Hopfenblüte, Altmarkt 11, 02708 Löbau, Tel. (0 35 85) 41 55 81, www.vivekayoga.com
- ÖPNV: Bahnhof Löbau (600 Meter zu Fuß)

unsere
Mandala~
Taschen
KRAFTSTEINE
Innere Harmonie
€ 6.99

Giftgrünes Vergnügen

58 Bergab mit dem Monsterroller in Neukirch

Wer Fun, Sport und Natur kombinieren möchte, ist in Neukirch/Lausitz genau richtig. Eigentlich wirkt dieser kleine Ort sehr beschaulich, aber in Wahrheit sind hier die Monster los. Giftgrün sehen sie aus, mit stahlhartem Body und breiten, kreisrunden Füßen kommen sie daher. Die Rede ist von motorlosen Tretrollern mit überdimensionierten Reifen. Zusammen mit ebenso giftgrünen Helmen kann man diese Gefährte(n) ausleihen und monstermäßigen Spaß erleben: Erst geht´s rauf auf den Berg, dann rollt man ihn wieder runter.

Der gebürtige Neukircher Thomas Luft organisiert die Touren mit seinem Team, das die Roller täglich auf den Valtenberg bringt. Gestartet wird am Georgenbad, von wo aus man per E-Bike oder zu Fuß nach oben gelangt. Dort warten die grünen Monster bereits auf mutige Abenteurer. Man erhält zunächst eine kurze Einweisung, um ein Gefühl für den Umgang mit dem grünen Weggefährten zu bekommen: draufstellen, leicht in die Hocke gehen, Popo nach hinten strecken und einfach rollen lassen. Auf der beinahe ebenen Übungsfläche lernt man gleich, wie das Monster im Tempo zu zähmen ist. Nach ein wenig Probefahren geht es dann auf ausgeschilderten Rad- und Wanderwegen rollenderweise talabwärts. Mal ist die Abfahrt etwas steiler, dann rollt man von alleine und kann, wenn man nicht bremst, ein ganz beachtliches Tempo erreichen. Mal ist der Weg flacher, und der Fahrer muss sich wie in Kindertagen mit dem Fuß abstoßen und seinem Roller Schwung verpassen.

Es lassen sich unterschiedliche Touren zwischen 3,3 und 3,9 Kilometern buchen, auf deren Strecke man 30 bis 40 Minuten reinen Rollerspaß erleben kann. An manchen Zielen wird ein Shuttleservice für die Rückfahrt angeboten. Der Schwierigkeitsgrad bei allen Touren ist einfach und ungefährlich, weil man auf gut befestigten, teilweise asphaltierten Wegen unterwegs ist. Der Trendsport garantiert ein monstermäßiges Vergnügen für kleine und große Rollerfahrer und sorgt nicht nur für viel Naturerlebnis, sondern auch für bleibende Erinnerungen.

TIPP

Grüne Monsterburger (nur bei Events), Monstereis und Monsterlimonade bilden einen monstermäßigen Abschluss.

- Monsterroller Oberlausitz, Georgenbadstraße 28, 01904 Neukirch/Lausitz, Tel. (07 00) 70 80 00 02, www.monsterroller.info
- ÖPNV: Bahnhof West, hochwandern zum Valtenberg oder mit einem vorab reservierten E-Bike hinauffahren

Himmel und Hölle

59

Rakotzbrücke im Kromlauer Rhododendronpark

Wenn es im Oberlausitzer Land eine Himmelsbrücke gibt, muss es auch eine Teufelsbrücke geben. Jedenfalls wird sie von den Einheimischen im Volksmund so genannt: die Rakotzbrücke in Kromlau. Das Besondere ist ihre Form. Sie überspannt den 35 Meter breiten Rakotzsee und ergibt durch ihre Spiegelung im Wasser einen perfekten Kreis.
Erbaut wurde das begehrte Fotomotiv in den Jahren 1863 bis 1882 aus Basaltsteinen zusammen mit einem orgelförmigen Gebilde inmitten des Sees und einer Grotte. Da sich in alter Zeit niemand so recht vorstellen konnte, dass ein derart dünner Brückenbogen allein von Menschenhand gebaut werden konnte, glaubte man, der Teufel hätte seine Hand im Spiel gehabt. Der unglückliche Tod des Brückenbauers gab Anlass zu der Sage, dass der Beelzebub als Gegenleistung für seine Hilfe die Seele desjenigen erhalten wollte, der die Brücke als Erster überquert. Statt den Teufel zu überlisten und ein Tier über die Brücke zu schicken, lief versehentlich der Brückenbauer bei Entfernung des Holzgerüstes darüber, stürzte in den See und ertrank.
Mystisch ist der Ort allemal, vor allem weil oxydierende Braunkohle das Wasser fast schwarz färbt, aber auch bezaubernd schön, denn das ganze Ensemble ist eingebettet in Deutschlands größten Rhododendronpark, der zum Blütenfest jährlich bis zu 35.000 Besucher anlockt. Auch außerhalb der Blütezeit sorgen Zypressen, Trompeten- und Tulpenbäume mit anderen fremdländischen Gehölzen in dem nach englischer Gartenbaukunst angelegten Landschaftspark für herrliche Wohlfühlecken.
Wer ein vollendetes Foto des Brückenkreises machen will, sollte idealerweise wochentags im Frühjahr oder Herbst kommen, sich am Morgen oder Abend einfinden und einen windstillen Tag wählen, weil dann das Wasser am ruhigsten ist und die Spiegelung am klarsten erscheint. Da die Grotte bereits eingestürzt war und dasselbe Schicksal Brücke und Orgel drohte, wurde das Ganze in dreijähriger Bauzeit restauriert. Seit 2021 ist alles wieder für Besucher freigegeben.

TIPP

Das Betreten der denkmalgeschützten Brückenanlage ist streng verboten.

- Rakotzbrücke im Rhododendronpark, Halbendorfer Straße, 02953 Gablenz-Kromlau, www.kromlau-online.de
- ÖPNV: Ab Weißwasser Waldeisenbahn, Haltestelle Kromlau (1,3 Kilometer zu Fuß); ab Busbahnhof Weißwasser Bus 257, Haltestelle Gablenz Waldrand (800 Meter zu Fuß)

Windfege und Nadelocchi

60

Arbeiten wie Oma im Dorfmuseum Markersdorf

Schon mal einen Dreschflegel ausprobiert, mit einer Handkurbel-Windfege die Spreu vom Weizen getrennt, mit einer Schrotmühle Korn gemahlen? Im 300 Jahre alten Vierseitenhof von Markersdorf kann man selbst ausprobieren, wie sich wohl das Leben vor hundert Jahren angefühlt haben muss. Viel anstrengende körperliche Arbeit mussten die Bauern verrichten, um ein Brötchen oder einen Malzkaffee genießen zu können. In den authentisch eingerichteten Wohn- und Wirtschaftsräumen lässt sich das Leben von damals hautnah erfahren. Von der Magdkammer mit Waschschüssel und Nähkorb über die gemütliche bäuerliche Wohnstube bis zum Viehstall. Neben vielen Arbeitsgeräten für Haus- und Feldarbeiten gibt es auch jede Menge Tiere auf dem Hof, die am Haustiertag versorgt, gefüttert und gestreichelt werden dürfen: Pferd, Schafe, Schweine, Hühner und Kaninchen. In der Waschküche steht eine Wäschemangel mit Handkurbel bereit. Besucher müssen erst mal mit Eimern und Joch Wasser holen, um sich im Wäschewaschen in Zinkwannen mit Waschbrett und Wäschestampfer auszuprobieren. Die Vergangenheit wird lebendig, wenn man erlebt, wie mühevoll diese Arbeiten früher waren.

TIPP

Besichtigung mit Audioguide und 3-D-Brille. Für alle Mitmach-Angebote bitte vorher anmelden.

Über eine steile Holztreppe gelangt man zum Klassenzimmer der Dorfschule, wo man hinter Pulten Platz nehmen und mit Griffeln auf Schiefertafeln alte Schriften ausprobieren darf. Fast vergessene Handarbeitstechniken kann man in den denkmalgeschützten Fachwerkgebäuden erlernen. Nadelocchi zum Beispiel, eine Kunst zum Herstellen von Spitzendeckchen und Bordüren, oder Hohlsaumnähen zum dekorativen Versäubern von Stoffkanten. Auch Spinnrad und Webstuhl fehlen nicht, und wer möchte, kann unter Anleitung versuchen, aus gekämmter Wolle einen Faden zu spinnen.
Um zu erfahren, was ein Göpel oder ein Tiefstall ist und warum der Schweinestall hier so winzig klein ist, sollte man dem Dorfmuseum unbedingt einen Besuch abstatten. Das und viele andere spannende Dinge über die Privatsphäre in Sachen Hygiene sowie Originalfotos der einst ansässigen Familie kann man hier bestaunen.

- Schlesisch-Oberlausitzer Dorfmuseum Markersdorf, Kirchstraße 2, 02829 Markersdorf, Tel. (03 58 29) 6 03 29
www.museum.de/museen/dorfmuseum-markersdorf
- ÖPNV: Ab Bahnhof Görlitz Bus 130, Haltestelle Markersdorf Dorfmuseum (300 Meter zu Fuß)

Sorbische Traditionen

61 Osterreiten und Eierschieben in Bautzen

Mit den Sorben sind in der Oberlausitz viele Bräuche verbunden, die besonders an katholischen Feiertagen gepflegt werden. Seit 1541 gehört zum Ostersonntag das Osterreiten, Prozessionszüge hoch zu Ross, an denen in vielen Orten bis zu hundert Reiter teilnehmen. Diese ziehen von einem Nachbarort zum anderen, um die frohe Botschaft der Auferstehung zu verkünden. Schon am Abend zuvor werden die Pferde gestriegelt und prächtig herausgeputzt. Am Morgen verziert man dann noch die geflochtenen Mähnen mit Bändern und ziert den Schweif mit einer bestickten Schleife. Auch das Geschirr ist reich geschmückt mit Muscheln, Metallbeschlägen und Blumen, wenn sich die Reiter nach strenger Kleiderordnung in schwarzem Gehrock und Zylinder auf den Weg von Bautzen nach Radibor machen. Es ist ein feierlicher Moment, wenn der Petri-Türmer nach dem heimkehrenden Osterreiterzug Ausschau hält und dann das Festgeläut einschaltet. In der Stadt pflanzt sich der Ruf fort: „Sie kommen!", und alles drängt sich entlang der Route, um die Reiter zu sehen und zu hören. Vorneweg reiten die Träger der Fahnen, des Kreuzes und der Jesus-Statue und singen Kirchenlieder in sorbischer und deutscher Sprache. Die Prozessionen ziehen Besucher aus der ganzen Welt an und versetzen jeden in feierliche Festtagsstimmung.

TIPP
Frühlingsblumen, bunte Eier und Bänder schmücken die Tannenbögen um den Osterbrunnen am Fleischmarkt.

Am selben Tag startet der Eierjokel am Protschenberg das fröhliche Ostereierschieben. Bereits vor 400 Jahren rollten hier die Kinder wohlhabender Familien bunte Eier den steilen Hang hinunter, die die ärmeren Kinder unten auffingen. Später wurde das Eierschieben ohne Standesunterschied veranstaltet. Äpfel und Apfelsinen kamen hinzu und allerlei anderes, was rollt. Heute ist es ein Riesenspaß, wenn die Eltern versuchen, ihren Kindern bunte Plastikbälle zuzuwerfen. Es ist gar nicht so einfach, in dem Trubel am Hang die Bälle zu fangen. Wer welche erwischt, kann sie später an einem Stand gegen Geschenke eintauschen. Die glücklichen Kinderaugen bringen auch die Augen der Erwachsenen zum Strahlen. Was für ein schönes Osterfest!

- Osterreiten in Bautzen und Ostereierschieben am Protschenberg, 02625 Bautzen
  www.ostern-bautzen.de
- ÖPNV: Ab Bahnhof Bautzen, Osterreiten: Bus 1, 3, Haltestelle Kornmarkt; Eierschieben: Bus 122, 500, Haltestelle Fiedlerstraße (600 Meter zu Fuß)

Mystische Romantik

62

Medusas Haupt in Schloss Hainewalde

Zerbrochene Gemäuer, kein Putz an den Wänden, aber mit alten Möbeln, Gemälden und Kronleuchtern bestückt. Ein Fenster mit eingefallenem Erkerdach, darunter dekorativ ein Tuch gespannt, damit nichts auf den Boden bröckelt. Wagemutige setzen sich auf den Lehnstuhl direkt unter dem provisorischen „Baldachin". Das ist Abenteuer pur. Direkt daneben eine antike Anrichte mit Großmutters Kaffeekanne und Porzellan-Suppentopf, dazu ein paar Fünfzigerjahre-Sessel. Gerade diese Kombination aus Verfall und Möblierung macht das außergewöhnliche Flair im Schloss Hainewalde aus. Aber nicht überall sind die Räume möbliert. In vielen Kammern und Hallen zeigen sich die nackten Ziegelsteine mit Putz- und Kachelfragmenten, altes Gebälk und abgenutzte, knarzende Holzdielen auf den Böden.

Und plötzlich kommt man in einen Saal, wo eine prachtvoll bemalte Holzdecke erahnen lässt, wie herrschaftlich dieses Schloss einmal war. Mit Spendengeldern arbeiten Ehrenamtler an der Sanierung des ruinösen Gebäudes in denkmalgerechter Weise. Die Anfänge sind gemacht. Der Nordteil des Schlosses zeigt sich bereits von seiner stattlichen Seite. Im Foyersaal wurden auf Steinquadern Malereien freigelegt, die an einen salomonischen Tempel erinnern. Geschmückt ist das Schlossportal mit dem Schlangenhaupt der Medusa, und auch die Schriften deuten darauf hin, dass der Schlossherr und Freimaurer hier einen solchen Tempel nachempfunden hat. In Intarsienart zeigt ein Parkettboden die Gestirne und Wappensiegel der sächsischen Freimaurerlogen.

Teile des Schlosses kann man besichtigen, und ein Café gibt es auch. Das Schloss Hainewalde, einst Sanssouci der Oberlausitz genannt, liegt in einer lieblichen Hügellandschaft, einen Steinwurf von der Mandau entfernt. Sie verläuft am Schloss unterirdisch, aber wenn man die Ohren spitzt, hört man das Gewässer im Schloss rauschen. Wer mag, kann vom Bahnhof Mittelherwigsdorf aus immer am Fluss entlangspazieren, vorbei an schönen Umgebindehäusern, und kommt so geradewegs zum Schloss.

TIPP

600 m entfernt beeindruckt die monumentale kanitz-kyawsche Barockgruft mit prächtigen Figuren.

- Schloss Hainewalde, Kleine Seite 31, 02779 Hainewalde, Tel. (03 58 41) 3 73 72 www.schloss-hainewalde.de
- ÖPNV: Ab Bahnhof Mittelherwigsdorf Bus 11, Haltestelle Hainewalde Schloss

Mit Model und Papp

63

Cordula Reppes Blaudruckwerkstatt in Pulsnitz

Model, Papp – was ist das? Ein Model ist eine Art großer Holzstempel, der geschnitzt, mit Messingblechen versehen oder mit kleinen Nägelchen gespickt ist und Blumenmuster, Ornamente oder figürliche Darstellungen aufweist. Solch ein Model drückt man in Papp, eine breiige Masse aus Gummi, Ton und anderen geheimen Zutaten, um dessen Muster auf einen aufgespannten weißen Stoff zu übertragen. Das erfordert viel Fingerspitzengefühl, denn die kleinste Ungenauigkeit wird sofort sichtbar und lässt sich auf dem Stoff nicht mehr korrigieren. Cordula Reppe beherrscht diese Kunst perfekt. Sie ist Blaudruckerin und stellt hübsche blau-weiß gemusterte Stoffe her. Dieses jahrhundertealte Handwerk, heute fast ausgestorben, ist zum Immateriellen Weltkulturerbe erhoben worden. Es gibt nur noch ganz wenige ausübende Blaudrucker. Frau Reppe betreibt eine der seltenen Werkstätten in Pulsnitz und ist mit Leidenschaft bei der Sache. Ist der Papp mit den Modeln auf den Stoff übertragen, muss dieser erst mal einige Wochen trocknen. Danach wird der Stoff mehrmals in große Bottiche getaucht, die mit einer gelblichen Farbe, der Indigolösung, gefüllt sind. Sobald der Stoff herausgezogen wird und an die Luft kommt, verfärbt er sich blau. Je öfter man diesen Vorgang wiederholt, desto intensiver wird der typische Indigo-Farbton. Der farbabweisende Papp auf dem Stoff verhindert, dass an diesen Stellen die Farbe aufgenommen werden kann, und die schönen floralen Muster treten hervor, Weiß auf Blau.

TIPP

Für eine Führung durch die einzelnen Arbeitsschritte vorher anmelden.

Frau Reppe fertigt aus den Stoffen Tischdecken, Läufer, Schürzen, Kissenbezüge oder Lavendelsäckchen. Als Meterware finden die Stoffe vor allem bei den sorbischen Trachten Verwendung. Es gibt sogar eine Mode- und Taschenkollektion. In ihrer Schauwerkstatt kann man Frau Reppe bei der Arbeit zusehen. Dort gibt es Arbeitsgeräte und über 1400 Modeln zu bestaunen. Ihre Begeisterung steckt an, und man möchte gerne ein Stück aus ihrer handgemachten Blau-Weiß-Kollektion mitnehmen. Zum Glück gibt es dazu in ihrem kleinen Laden genug Gelegenheit.

- Blaudruckwerkstatt Cordula Reppe, Bachstraße 7, 01896 Pulsnitz, Tel. 03 59 55/7 38 73, www.blaudruckpulsnitz.de
- ÖPNV: Ab Bahnhof Pulsnitz Süd (300 Meter zu Fuß)

Zurück in die Eiszeit

64 Vom Tagebau zum Findlingspark Nochten

Ein Oberlausitzbesuch sollte unbedingt durch den Findlingspark in Nochten führen. Über 7000 Findlinge wurden hier einst beim Braunkohletagebau freigelegt und sind nun auf einer Rekultivierungsfläche von 20 Hektar in diesem einzigartigen Park kunstvoll arrangiert. Von den Gletschern Nordeuropas wurden zusätzlich über 90 Zeugen der Eiszeit hergeholt, die mithilfe von Infotafeln über Fundort, Gesteinsart und sonstiges Wissenswertes Auskunft geben. In der hügeligen Landschaft wurden die Steinriesen so geschickt platziert, als würden sie schon immer dort liegen, denn sie wurden in ihrer Ursprungsform gelassen, wie die Natur sie geformt hat.

Die Landschaft des Geländes bestimmen Kies- und Sandbereiche, Bruchsteine und Geröll mit passender Bepflanzung. Beeindruckend sind die zahlreichen Heidekrautarten. Die Sorten reichen in vielen Nuancen von rosa über lila und dunkelrot, grün und gelb bis weiß. In Gruppen gepflanzt und mit hohen Gräsern, einzelnen Büschen und bunten Steingewächsen kombiniert, ergibt sich ein vollendetes Farbenmeer. Ganzjährig kann man 160 Sorten Sommer- und Winterheide bewundern. Erstaunlich, dass es Erikasorten gibt, die von November bis April ihre Blütezeit haben. So kann man zu jeder Zeit eine nicht endende Blütenpracht genießen und dazu auch noch Schilf und Moor sowie die typischen Heidegehölze.

TIPP

Für Personen mit Handicap steht ein Elektromobil bereit, für Kinder gibt es einen Wüstenspielplatz.

Zentrum des Findlingsparks ist der Steingarten, der den buntesten und abwechslungsreichsten Teil ausmacht. Zwischen Rasenbereichen gelangt man in Höhenzüge, die von Bächen, Wasserfällen und Kaskaden durchzogen sind. Zahlreiche Sukkulenten, Stauden und unzählige Steingewächse wechseln mit Koniferen und Thymian, immer im Einklang mit Findlingen, Basaltsplitt oder Kalkgestein. Man kann sich nicht sattsehen an dem Wechsel von buntem Gestein, blühenden Pflanzen, grünen Wiesen und blauen Teichen. Für besondere Glücksmomente sorgt der Aussichtshügel mit mächtigen Säulen aus gestapelten Findlingen, wo die ganze Pracht und Vielfalt von oben zur Wirkung kommt.

- Lausitzer Findlingspark Nochten, Parkstraße 7, 02943 Boxberg/O. L., Tel. (03 57 74) 55 63 52, www. findlingspark-nochten.de
- ÖPNV: Ab Busbahnhof Boxberg O. L. Bus 256, Haltestelle Parkstraße

Botschaft nur für dich!

65

Geheimnisse unterm Flüsterbogen in Görlitz

Wer gerne auf Fotosafari geht und sich das Thema Türen und Toreingänge vorgenommen hat, kann in Görlitz garantiert fündig werden. Kaum eine Stadt der Oberlausitz bietet eine derartige Architekturkulisse, wo so viele Stilepochen aufeinandertreffen. Ob Spätgotik, Renaissance, Barock, Jugendstil oder Gründerzeit – die Bauformen vieler Jahrhunderte sind in der Stadt an der Neiße erhalten geblieben.

Bei einem Spaziergang durch die gepflasterten Straßen mit einem besonderen Augenmerk auf Türen und Eingänge kann man hier wahrhaft prunkvolle Exemplare entdecken. Das eine Tor ist übersät mit filigranen Ranken vergoldeter Schmiedekunst, das andere ist geschmückt von meisterhafter Steinmetzarbeit.

Am Untermarkt 22 trifft man auf ein spätgotisches Portal, das erst auf den zweiten Blick die Aufmerksamkeit des Betrachters weckt. Die beiden Türflügel, mit Rautenformen verziert, sind umgeben von einem steinernen Bogen, der mit verschiedenen Ornamenten und einer gemeißelten Kreuzblume geschmückt ist. An den Seiten des Bogens befindet sich je ein Tierkopf. Eigentlich ist der Anblick des Eingangs nicht gerade spektakulär. Erst wenn sich zwei Menschen mit der Brust zur Wand links und rechts auf die Schlusssteine stellen und abwechselnd Mund und Ohr an die Bogenenden halten, erweckt das bei jedem Vorbeigehenden, der nicht weiß, was hier geschieht, eine unbändige Neugier und zwingt zum Stehenbleiben.

TIPP

Wer durch den Torbogen geht, trifft auf ein schönes Lokal mit französischer Küche.

Was die zwei da machen? Sie flüstern sich Nachrichten zu, die niemand außer ihnen hören kann. Das physikalische Phänomen dahinter: Durch den kielförmigen Bogenlauf wird der Schall gebündelt und verteilt sich nicht in andere Richtungen. Der Untermarkt ist ein sehr ruhiger Ort, an dem es manchmal fast still ist, trotzdem kann man nicht verstehen, was sich die zwei auf den Sockeln zu sagen haben. Vielleicht ein Geheimnis oder eine Liebesbotschaft? Wer weiß das schon? Am besten selber ausprobieren. Es macht Kindern genauso viel Spaß wie Erwachsenen, heimliche Botschaften auszutauschen.

- Flüsterbogen, Untermarkt 22, 02826 Görlitz
- ÖPNV: Ab Bahnhof Görlitz Bus D, Haltestelle Nikolaiturm (200 Meter zu Fuß)

22

„Fichtenmopeds“ im Einsatz

66

Kettensägenschnitzer in Eibau

Einmal im Jahr fliegen die Späne auf dem Eibauer Beckenberg. Dann versammeln sich bis zu 45 Kettensägenschnitzer aus aller Welt zum Internationalen Kettensägenschnitzertreffen und zeigen ihr Können. Sie kommen aus Kanada, Russland, Brasilien, Japan, Ecuador oder Lettland. Holzkünstler aus insgesamt 13 Nationen treten mit den geräuschvollen Waldwerkzeugen an und zaubern eindrucksvolle Skulpturen aus Holzklötzen und Baumstämmen. Alles steht unter einem Motto: „Fabelwesen“ oder „Götter der germanischen Mythologie“, „Märchenfiguren“ oder „Fotopoints für Hochzeitspaare“.

Drei Tage ab Christi Himmelfahrt wird gesägt, gefräst und geschnitzt, was das Zeug hält. Tausende Besucher pilgern auf den Berg, um dem Schauspiel beizuwohnen, wenn coole Typen mit Visier und Kopfhörer losrattern. Teams von drei bis vier Männern eines Landes arbeiten jeweils an einem größeren Projekt und kämpfen um die ersten drei Plätze. An allen drei Tagen gibt es ein Speedcaring. In genau 45 Minuten schnitzen die Kettensäger auf Zeit. Sobald die Uhr abläuft, wird die Säge gestoppt und das Ergebnis gezeigt. Die Werke können vom Publikum ersteigert werden. Ein Adler ist dabei, ein Bär und eine Gartenbank. Kunst für Schnäppchenjäger.

TIPP

Zeitgleich ist das Internationale Mattenspringen auf der Sommer-Skisprungschanze in Eibau.

Natürlich kann man mit den Schnitzern auch ins Gespräch kommen. Mario Hennig zum Beispiel ist ehemaliger Forstarbeiter und Eibauer. Er hat hier das tolle Event ins Leben gerufen und einen Verein gegründet. „Am beliebtesten sind Eulen“, verrät er. „Die werden von vielen gesammelt und passen gut in den heimischen Garten.“

Wer es nicht zum Kettensägenschnitzertreffen in Eibau schafft, kann das ganze Jahr über trotzdem jede Menge Skulpturen bewundern. Rund um die Baude auf dem Beckenberg sind zahlreiche Figuren versammelt. Beim Wirt des Bio-Gasthofs kann man sich gerne einen Schlüssel holen, denn es gibt dort ein Museum mit den schönsten Skulpturen. Der Eintritt ist kostenlos, und bei Bedarf bekommt man eine kleine Führung dazu. Das Essen beim Bio-Wirt ist übrigens sehr empfehlenswert.

- Kettensägenschnitzertreffen an der Beckenbergbaude, Beckenbergstraße 5, 02739 Kottmar, OT Eibau
  www.carvingcup-eibau.de und www.beckenbergbaude.de
- ÖPNV: Ab Bahnhof Eibau Bus 19, Haltestelle An der Brauerei (600 Meter zu Fuß)

STIHL

Ritschel mit Blumenkranz

67 Lieblingsort Café Brumme in Obercunnersdorf

Mitten im Denkmalort Obercunnersdorf steht ein Umgebindehaus mit zwei Blockstuben. Das ist ungewöhnlich, weil normalerweise zur Blockstube ein Massivteil, der frühere Stall, gehört. Einst beherbergte dieses Haus eine Fleischerei und einen Gasthof. Als Thomas Brumme das Anwesen kaufte, machte er eine Konditorei mit Café daraus. Für die Einrichtung sah er sich bei Haushaltsauflösungen nach Fundstücken um und ergatterte so manches Schätzchen. Darunter auch einige Kaffeekannen. Nach und nach brachten die Besucher weitere solcher Altertümchen an – zu schade zum Wegwerfen. Auf einem Bord unter der Decke sind sie alle aufgereiht und routieren von Zeit zu Zeit. So kann jeder seine Kanne mal irgendwo sehen.

Zur Einrichtung gehören weiße Holzstühle, rosa Tischdecken und Häkelgardinchen. Die hat Brummes Mutter gemacht, genauso wie die Blütenkranz-Malereien auf den Schiebeläden, den sogenannten Ritscheln, neben den Fenstern. Draußen gibt es eine romantische Terrasse unter Apfelbäumen mit Bistrostühlen und Rosentischdecken. Ein Dornröschen-Ambiente – innen wie außen.

Täglich backt der Konditormeister acht bis zehn Kuchen und Torten. Besonders lecker ist sein Apfel-Bienenstich: Auf einem Mürbeteig mit Marzipan werden Apfelscheiben geschichtet, darauf kommt eine Lage Käsekuchen und zum Schluss der Bienenstich. Mmmh! Verführerisch locken auch Mandarinen-Schmand-Kuchen, Heidelbeertorte oder Birnenkuchen. Auf die Frage, welche Torten die Gäste am liebsten essen, antwortet Thomas Brumme spontan: „Frauen lieben alles mit Baiser, zum Beispiel Stachelbeer- oder Rhabarber-Baiser-Torte, Männer essen Eierschecke und Mohnkuchen.“ Es gibt also tatsächlich gewisse Vorlieben bei den Geschlechtern.

Wer sich von diesem zauberhaften Haus nicht trennen möchte, kann auch bleiben. Drei Ferienwohnungen gibt es obendrüber. Sie tragen die Namen von Brummes beiden Schwestern und seiner Nichte: Steffi, Melina und Anett. Die alten Möbel darin wurden – selbstverständlich von der Mutter – mit hübschen Rosen bemalt.

- Café Brumme, Hauptstraße 80, 02708 Kottmar, OT Obercunnersdorf, Tel. (03 58 75) 24 00 64, www.brumme.cafe
- ÖPNV: Ab Busbahnhof Löbau Bus 56, Haltestelle Obercunnersdorf Touristinformation

Auf Fels gebaut

68

Die barocke Bergkirche in Oybin

Durch eine schmale Gasse an schönen Häusern entlang führt ein Natursteinweg zum Oybiner Berg hinauf. Schon nach wenigen Metern erreicht man die Bergkirche, deren Bau 1708 als Bethaus begann, das dann in den folgenden Jahren zur Kirche erweitert wurde. Das Besondere: Man begradigte beim Bau nicht etwa den Felsen, sondern passte die Kirche dem Gefälle des Berges an. Das wird erst richtig deutlich, wenn man das Gotteshaus betritt. In der Kirche sind die historischen Holzbänke in Treppenform angeordnet. Eine ungewöhnliche Perspektive, wenn die Gläubigen nach unten zum Altar schauen. Der Blick zur Kanzel führt nicht wie üblich nach oben, sondern fast geradeaus. Die Gottesdienstbesucher haben von überall eine gute Sicht. Vielleicht wird die Kirche auch deshalb so gerne von Hochzeitspaaren genutzt.

Die barocke Ausstattung der Kirche stammt von heimischen Künstlern. Die zweigeschossigen Holzemporen und die hölzerne Kassettendecke sind mit Grisaillemalereien versehen. So bezeichnet man eine Kombination aus Schwarz, Weiß und Grautönen. Dargestellt sind biblische Motive wie der Sündenfall, die Erlösung und das Jüngste Gericht. Die Emporen zieren Motive aus dem Vaterunser und der Bergpredigt. Reich geschmückt ist der Kanzelaltar im typisch barocken Stil mit vergoldeten Holzschnitzereien und Engelchen. Darunter zeigt sich ein bunt bemaltes Holzrelief mit der Abendmahlszene. Die noch recht junge Orgel stammt von einem Zittauer Orgelbauer und steckt in einem hübschen barocken Gehäuse aus dem Jahre 1754.

Wer diese einzigartige Kirche besucht, sollte den Raum für eine kleine Zeit der Stille, der Andacht oder des Gebets nutzen. Kaum ein Gotteshaus lädt so dazu ein, die stimmungsvolle Atmosphäre in sich aufzunehmen und zur Ruhe zu kommen. Die Bergkirche hat zu diesem Zweck von März bis November täglich geöffnet und bietet jedem die Möglichkeit näherzutreten. Natürlich mit der entsprechenden Ehrfurcht, denn die Kirche ist kein Museum, sondern ein Gottesdienstgebäude der örtlichen Kirchengemeinde.

TIPP

Einmal in der Woche gibt es eine Kirchenführung. Info unter Tel. (03 58 44) 73 33 11.

- Bergkirche, Hauptstraße 16, 02797 Oybin
  www.oybin.com
- ÖPNV: Bahnhof Oybin (300 Meter zu Fuß)

In der Welt von Isegrim

69

Geführte Wolfstour im Spreetal

Es ist Morgen, 9:00 Uhr. Eine Gruppe von sechs Menschen hat sich zusammengefunden, um gemeinsam einen Tag unter Wölfen zu verbringen. Das Wetter ist gut, Kamera und Fernglas sind dabei, Proviant und Schreibzeug im Rucksack. Catriona Blum-Rérat erforscht Wölfe. Sie arbeitet für das LUPUS-Institut, ist für das Monitoring der Lausitzer Rudel zuständig und kennt sich bestens mit Sachsens Wolfspopulation aus. Ihr Wissen über Biologie, Spurensuche und alles, was das Leben von Wölfen ausmacht, gibt sie seit Jahren an Interessierte, Naturfreaks und Abenteuerlustige weiter. An ihrer Seite eine Retriever-Hündin, die sie zu allen Touren begleitet. Nach einer kurzen Einführung geht es los. Jede Tour ist anders, jede individuell. Es geht auf Spurensuche. Immer im Wolfsgebiet. Und das kennt die Expertin genau.

Unterwegs wird viel erklärt. Wo und wie die Wölfe leben, woher sie kommen und ob an den Mythen über den Wolf etwas dran ist. Nach einiger Zeit stößt die Truppe tatsächlich auf Pfotenspuren in dem sandigen Untergrund der Heidelandschaft. Gehören die zu einem Wolf, einem Fuchs oder zu einem Hund? Mit dem Zentimetermaß werden Schrittlänge und Fußabdruck gemessen und genau erklärt, was die Wolfspfote ausmacht. Spuren können auch Haarbüschel sein, Kot oder Urinmarkierungen, manchmal Überreste eines gefressenen Rehs. Gemeinsam werden Fotofallen kontrolliert und ausgewertet. Man lernt viel über die Natur, Wissenswertes und Spannendes. Catriona ist mit Leidenschaft dabei, wenn sie die Welt der Wölfe erklärt und auf neugierige Fragen antwortet. Aus der Gruppe werden Fährtenleser und Wolfsfreunde, je mehr die Teilnehmer über die Wildtiere erfahren.

Wer einen Ansitz erleben will, muss früh aufstehen. Wölfe sind scheu und nicht oft zu sehen. Vor Sonnenaufgang geht es auf die spannende Reise ins Wolfsland. Dann kann es passieren, dass plötzlich ein Schwarm Vögel auffliegt oder eine Herde Wildschweine losrennt. Möglicherweise Hinweise auf einen Wolf. Wer es genau wissen will – einfach mit auf Wolfstour gehen.

- Wolfland Tours, Tel. (01 57) 71 89 83 36, Start: Pension Zum Hammer, Hammer 9, 02979 Spreetal, OT Neustadt/Spree, www.wolflandtours.de
- ÖPNV: Ab Bahnhof Schleife 150 Meter Fußweg zur Haltestelle Schleife Mühle, dann Bus 259, 536, Haltestelle Neustadt/Spree (500 Meter zu Fuß)

Um das Jahr Null

70 „Heilige Stätten" im Bibelland Oberlichtenau

Wer sich auf eine Reise in die biblische Vergangenheit aufmachen möchte, hat dazu Gelegenheit im Bibelland Oberlichtenau. Hier erfährt man alles über das jüdische Leben, die Nahrungszubereitung und die Arbeitsgeräte in der Zeit vor 2000 Jahren. Zum Freilichtmuseum gehört auch ein Garten mit biblischen Pflanzen und Nachbildungen von allerlei Gebrauchsgegenständen. So gibt es eine Ölkelter, bei der die Pressung durch das Anhängen eines Gewichts erfolgte. Oder einen Hebekran mit einem riesigen „Hamsterrad", das Menschen durch Laufen bewegten, um eine Last über Seile nach oben zu hieven.
Auch ein israelitischer Brandopferaltar, der zugleich als Ort öffentlicher Rechtsprechung diente, und ein Backofen mit Kugelgewölbe sind originalgetreu nachgebildet. An Jesus Christus erinnern die drei römischen Holzkreuze und das Felsengrab mit einem Rollstein – als Sinnbild für die Auferstehung Jesu halb beiseite gerollt. Schmuckstück ist die Byzantinische Basilika, die im Innern mit Ikonen ausgestattet ist. In der großen Scheune sind ein Ikonenmuseum und eine Bibelausstellung untergebracht, unter anderem mit der Gutenberg-Bibel als Faksimile und einer Kopie der Jesaja-Rolle. Zu sehen sind auch ein echtes Beduinenzelt aus Ziegenhaar und Deutschlands größtes Panoramabild von Jerusalem.
Angemeldete Gruppen können ungesäuertes Brot backen, Olivensalbe oder Öllampen aus Ton herstellen und im 300 Jahre alten Historischen Fasskeller ein biblisches Mahl mit koscherem, israelischem Wein zu sich nehmen. Zu kaufen gibt es Holzschnitzereien, kretisches Olivenöl, Öllampen und Schriftrollengefäße. Sollte das noch nicht genug Biblisches sein, kann man eine Kamelwanderung um Oberlichtenau machen.
Eine Kasse des Vertrauens steht für Besucher bei Eintritt ins Freilichtmuseum bereit und ermöglicht täglich offenen Zugang. Einzelpersonen, die in die Ausstellung möchten, sollten zu den Öffnungszeiten kommen oder sich vorher anmelden, um sich einer Führung anzuschließen. Alternativ kann man auch einen Film anschauen.

- Bibelland, Am Schlosspark 2, 01896 Pulsnitz, OT Oberlichtenau, Tel. 03 59 55/4 58 88, www.bibelgarten.de
- ÖPNV: Ab Bahnhof Pulsnitz Bus 312, Haltestelle Oberlichtenau An der Pulsnitz (600 Meter zu Fuß)

Stadt der Türme

71 Friedensbrücken-Blick aufs Bautzen-Panorama

Spricht man in der Oberlausitz von der „Stadt der Türme", so weiß jeder, welcher historische Ort gemeint ist. Nirgends gibt es so eine Türme-Vielfalt wie in Bautzen. Ob rund, eckig, aus Naturstein oder mit Holz verkleidet – jeder Turm stammt aus einer anderen Zeit mit unterschiedlichen Aufgaben. Stolze 17 Stück ragen aus Bautzens Mauern, einer schöner als der andere.

Zum Beispiel der Lauenturm: Er ist der älteste und wurde 1403 als Wehrturm errichtet. Besonders hübsch ist der verspielte Reichenturm von 1492 am Ostrand der Altstadt. Er ist wegen ungünstiger Bau- und Fundamentumstände in Schieflage geraten, aber man kann ihn besteigen und in alle Richtungen die herrliche Aussicht genießen. Direkt an der Spree steht die Alte Wasserkunst aus dem Jahre 1558, ein Turm, der Bautzens Wasserversorgung diente und noch bis 1965 in Betrieb war. Sehr auffällig und von Weitem sichtbar ist der holzverkleidete Wasserturm, der erst 1979 stillgelegt wurde.

TIPP
Eine nicht weniger schöne Aussicht hat man von der Alten Wasserkunst und von den meisten Türmen aus.

Bei einer Fahrt über die Friedensbrücke präsentiert sich eine malerische Sicht auf das Panorama von Bautzen. Es ist einfach zu schade, hier nicht haltzumachen und die wunderschöne Stadtansicht zu genießen. An dieser Stelle befindet man sich direkt über der Spree, und Bautzens märchenhafte Mittelalterkulisse mit ihren vielen Türmen tut sich auf. Aus einer Höhe von über 20 Metern schaut man hinab auf das Gewässer, das von Felsgestein in zwei Ebenen geteilt ist. Geräuschvoll strömt das Wasser über die Anhöhe in Richtung der kleinen Doppelbogenbrücke im Tal. Rechts von der Alten Wasserkunst erhebt sich ein steiler Felsen, auf dem wie hineingewachsen die Stadtmauer errichtet wurde. Das Auge hüpft das Panorama entlang von Turm zu Turm. Man kann sich gar nicht sattsehen an den vielen Eindrücken von Wasser, Felsen, Türmen, Gemäuern und Grünflächen. Wer sich in diesen Anblick verliebt hat und am Abend wiederkommt, wenn Stadt und Türme glanzvoll angestrahlt werden, für den ist gewiss: Das wird bestimmt nicht der letzte Besuch sein.

● Friedensbrücke, 02625 Bautzen
● ÖPNV: Ab Bahnhof Bautzen Bus 1, 3, Haltestelle Kornmarkt

Zeche und Wäsche

72 Gute Laune am Zecherpaarbrunnen in Görlitz

Was macht man mit einer alten Steinbütte? Man kann sie einfach so vor einem historischen Gemäuer aufstellen, Blumen reinpflanzen oder dekorativ eine Pumpe davor platzieren, die sogar funktioniert, wenn man den Schwengel in rhythmischen Bewegungen schwungvoll niederdrückt und wieder nach oben zieht.

Die Görlitzer Künstlerin Gisela Mauermann hatte da eine ganz andere Idee. Der Anblick einer solchen alten Pferdetränke, wie sie früher an vielen Orten zu finden war, inspirierte sie zur Schaffung ihres humorvollen Zecherpaarbrunnens, zu finden auf dem Klosterplatz der Görlitzer Altstadt. Dargestellt ist eine füllige, pausbackige Frau, die auf dem Brunnenrand sitzt und, breitbeinig ihre nackten Füße auf die Trogwand gestützt, ihre Wäsche auswringt. Ein Mann ihr gegenüber nutzt denselben Trog als Badewanne und gießt sich, gemütlich ausgestreckt in dem erfrischenden Nass, einen Humpen kühles Bier über die entblößte Brust. Sein Mund verrät durch das breite Lachen, welches Vergnügen ihm diese Plantscherei offenbar bereitet.

Die beiden Bronzefiguren ergeben mit dem Steintrog aus Granit eine perfekte Einheit und zaubern jedem vorbeiziehenden Passanten, egal welchen Geschlechts oder Alters, ein Lächeln ins Gesicht. Mag es nun an den Speckröllchen der Wäscherin, dem fülligen Bauch des Zechers, den Gesichtsausdrücken der beiden oder an der komischen Situation liegen, dass das Waschwasser gleichzeitig Verwendung als Badewasser findet, sei dahingestellt. Es ist ein lustiger Ort, an dem man gerne verweilt und zuschaut, was die beiden für eine Freude miteinander haben. Dabei ist der Hintergrund dieser Darstellung eher sozialkritisch gemeint. Die Künstlerin wollte mit dieser Karikatur die historische Rollenverteilung von Mann und Frau in der Gesellschaft ausdrücken. Während die Frau sich mit der Wäsche beschäftigt, genießt er in vollen Zügen Bad und Bier. Wie schön, dass sich das inzwischen größtenteils geändert hat und Hausarbeit sowie Vergnügen (beinahe) geschlechterunabhängig sind.

TIPP

Auch sehenswert ist die Muschelminna am Postplatz, ein Brunnen, umgeben von einem zauberhaften Umfeld.

● Zecherpaarbrunnen, Klosterplatz, 02826 Görlitz
www.goerlitz.de/kleine_denkmaeler.html

● ÖPNV: Bus A, Haltestelle Obermarkt; Straßenbahn 1, 2, Haltestelle Demianiplatz

Schlafen zwischen Zweigen

73 Erlebnisübernachtung im Baumhaushotel Neißeaue

Einmal wie ein Eichhörnchen in einem Baum schlafen, von der Morgensonne und zwitschernden Vögeln zwischen rauschenden Blättern in luftiger Höhe wachgekitzelt werden. Diesen Traum kann man sich im ersten deutschen Baumhaushotel erfüllen. Hier werden Erlebnisübernachtungen in skurrilen Baumhäusern, baumhausähnlichen Kokons oder höhlenartigen Behausungen unter der Erde angeboten. Die 200 Nachtlager sind wunderbar schief aus krummen Ästen und Stämmen gefertigt, wie die Natur sie geschaffen hat, und stehen auf urig gewachsenen Baumpfählen. Jede Wipfelhütte ist einzigartig gestaltet und eingerichtet und verfügt neben der Schlafnische über eine kuschelige Sitzecke und eine Minitoilette. Ausgestattet ist ein solches Baumhaus mit kuriosen Lampen, Kupferwaschbecken in Tulpenform, Mosaikböden, prachtvoll dekorierten Vorhängen, Holztoilette mit Plüschlehne im Palaststil, alternativ mit Buddelschiff, Steuerrad und Fischernetzen im Weltmeerstyle. Wer es lieber orientalisch mag, wählt eine Behausung mit bunten Perserteppichen, Kupferkesseln und Himmelbett. Die zauberhaften Wohnstätten hängen in luftiger Höhe von acht bis zehn Metern, verfügen über einen Naturholzbalkon mit Sitzgelegenheit in der Baumkrone und sind durch Stege und Hängebrücken miteinander verbunden.

TIPP

Die Übernachtung enthält den Eintritt in den ebenso außergewöhnlichen Freizeitpark Turisede.

Das ist noch nicht außergewöhnlich genug? Dann empfiehlt sich der Traumkokon: eine weiße zeltartige Kugel, die zwei Personen sanft in den Schlaf schaukelt. Wem das alles zu hoch ist, der kann es sich in einer Erdhöhle mit steinernem Eingang gemütlich machen. Neben Steingutgeschirr zieren getrocknete Kräuterbüschel an den Wänden, Sisalteppiche und ein Steinwaschbecken die Einrichtung. Benannt sind die Hütten nach „Inselgeistern“ mit so fantasievollen Namen wie „Thor Alfsons Astpalast“, „Modelpfutzens Wipfelgipfel“, „Baba Doros Kräuterkate“ oder „Judkas Trollfamilienhaus“. Für die Hartgesottenen gibt es eine Abenteuer-Schockdusche mit Freilufttrocknung und nachts eine Gruselstunde auf verwunschenen Pfaden.

- Kulturinsel – Die Geheime Welt von Turisede, Kulturinsel Einsiedel 1, 02829 Neißeaue, OT Zentendorf, Tel. (03 58 91) 4 91 15, www.turisede.com
- ÖPNV: Ab Bahnhof Görlitz Bus 139, 140, Haltestelle Zentendorf/Kulturinsel

Bei Kathrin & Peter

74 Musik im Quirle-Häusl in Waltersdorf

Für Schlagerfreunde sind sie ein Begriff: das Gesangs- und Moderatoren-Duo Kathrin & Peter, bekannt aus zahlreichen Shows in ARD, ZDF, MDR und anderen Fernsehsendern. Beide stammen aus Cunewalde und sind ihrer Heimat trotz aller Popularität immer treu geblieben. Am Fuße der Lausche, dem höchsten Berg der Oberlausitz, haben die zwei in dem schönen Waltersdorf im Laufe der Zeit drei Umgebindehäuser vor dem Verfall und Abriss gerettet. Hier gibt es nicht weniger als 300 dieser für die Oberlausitz typischen Gebäude. Eine Besonderheit in Waltersdorf sind die reich verzierten Granit- oder Sandsteintürstöcke.

In einem der drei Häuser haben Kathrin und Peter Kunze ein Landhotel, das Quirle-Häusl, eingerichtet, wo sie regelmäßig Konzerte geben. Dazu kann man lecker essen, Zimmer buchen und abends mit Peter gemütlich grillen. Er selbst steht mit Schürze und Zange am Rost und greift manchmal am Abend beim Lagerfeuer für seine Gäste zur Gitarre. Was für eine tolle Stimmung! Gute Laune und beste Unterhaltung sind garantiert, wenn man das sympathische Paar aus allernächster Nähe erlebt. Jeder kann nach Anmeldung teilnehmen, auch ohne Hotelgast zu sein.

Im Ferienhaus gegenüber, dem Landhaus Helene, ist ein kleines Theater eingerichtet, wo hin und wieder Zwei-Personen-Stücke aufgeführt werden. In diesem Haus wurde der DDR-Kultfilm „Schwester Agnes" gedreht. Der eine oder andere wird es vielleicht wiedererkennen. Im Haus „Eehnfuftsch" ist ein kleiner Geschenkeladen untergebracht. „Eenfuftsch" heißt auf Hochdeutsch übrigens 51 und ist die Hausnummer im heimischen Dialekt. Und für alle Auswärtigen: Das Quirle-Häusl heißt so, weil in der Oberlausitz beim Sprechen das R gerollt bzw. gequirlt wird.

Besonders romantisch ist eine Fahrt für zwei zum Picknick auf die Lausche mit dem dreirädrigen italienischen Mobil „Giovanni", der Nummer 564 von insgesamt nur 600 Exemplaren weltweit. Mit Kuchen, Sekt und Decke im Gepäck bleibt die Aussicht von oben unvergessen.

TIPP
Wer einfach nur urlauben oder essen möchte: Es gibt auch genug musikfreie Zeiten.

- Quirle-Häusl, Kathrin und Peter Kunze, Hauptstraße 45/51/52, 02799 Waltersdorf/OL, Tel. (03 58 41) 60 60 60, www.quirle.de
- ÖPNV: Ab Bahnhof Zittau Bus 15, Haltestelle Waltersdorf b. Zittau Postamt

Mittelalter ganz neu

75

In der Jakubzburg am Mortkaer See

Mitten im Oberlausitzer Seenland steht eine märchenhafte Mittelalterburg direkt am Mortkaer See. Beides, See und Burg, gibt es aber noch nicht so lange. Bei dem Mortkaer See handelt es sich um ein ehemaliges Tagebauloch, das heute der Fischzucht dient. Die Burg stammt – und das ist das Einmalige – aus dem 21. Jahrhundert! Sie steht mitten im kleinen Dorf Mortka mit gerade einmal 150 Einwohnern.

Als der ansässige Zahnarzt Dr. André Jakubetz das Grundstück kaufte, lagen da Berge von Bauschutt herum. Die vielen Granitsteine fand er zum Wegwerfen zu schade, und so baute er daraus eine Märchenburg. Man mag kaum seinen Augen trauen: Was da entstand, ist Mittelalter pur. Dicke Mauern, Zinnentürme und Zugbrücke. Auf dem Burghof ein Ziehbrunnen mit Kupferkessel an dicken Tauen, schwere Ketten, rustikale Holztische und Bänke zum Verweilen. Innen erstrahlt ein Prunksaal mit Deckengemälden, Kronleuchtern und Wänden aus riesigen Steinblöcken. In urigen Gewölben stehen lange Eichenholztafeln und gedrechselte Stühle mit hohen Lehnen, dazu Zinnteller, Römerkelche und Kerzenleuchter. Es fehlt an nichts. Wer will, kann in dieser Märchenburg übernachten. Zwischen Natursteinmauern, Holzbalkendecken und Bleifenstern steht ein Himmelbett mit schweren Vorhängen, nebenan der Ofen mit einem vollen Korb Kaminholz. Hier kann man sich als Burgfräulein und Ritter fühlen. Da es nur vier solche Zimmer gibt, entsteht neben der Burg ein Mittelalterdorf mitsamt Kirche, das in elf Häusern Übernachten in der Vergangenheit ermöglichen soll.

Besichtigen kann man das Innere der Burg sonntags nach vorheriger Anmeldung. Dann hat auch das Burgcafé geöffnet. Direkt neben der Burg gibt es ein Tiergehege mit Lamas, Ziegen, Affen, Ponys und Riesenschildkröte. Vorbei führen der Bergbau- und Seenlandradwanderweg. Für Radfahrer gibt es eine Scheune zum Frischmachen, Selbstversorgen und Übernachten. Wer Natur und Erholung sucht, findet sie im Biosphärenreservat mit seinen Seen, Auen und Wäldern. Was braucht man mehr zum Glück?

TIPP

Rund um die Burg finden mehrmals im Jahr Märkte, Theateraufführungen und Konzerte statt.

- Jakubzburg Mortka, Silberseestraße 19a, 02999 Lohsa, OT Mortka, Tel. (03 57 24) 56 92 16, www.jakubzburg.de
- ÖPNV: Ab Bahnhof Lohsa Bus 154, 168, Haltestelle Mortka

Wer Körner sät …

76 Süßes und Feuriges im Bautz'ner Senfladen

Zwischen Rathaus und Dom, mitten im historischen Bautzen, weist ein hübsches Schild mit der Aufschrift „Bautz´ner Senfladen“ in ein originales Kaufmannsambiente aus der Biedermeierzeit. Drinnen fängt ein großer taubenblauer Vitrinenschrank mit Häkelbordüren und vielen kleinen beschrifteten Schubladen das Auge des Besuchers ein. Auf der Ladentheke mit einer gold verzierten Registrierkasse stehen kleine und große Senftöpfe aus grauem und braunem Steingut. Unmittelbar daneben gelangt man zu einem umfangreichen Sortiment an Senfsorten, die in Bautzen hergestellt werden. Töpfe, Becher, Tuben und Flaschen sind gefüllt mit steinvermahlenen Fruchtsenfen, leckeren Brotaufstrichen, Brutzelsaucen und Salatdressings. Darunter gibt es auserlesene Sorten wie Orangen- oder Heidelbeersenf, mit herbem Bier, Bärlauch und Chili abgeschmeckte Varianten, Kosakensenf oder Kindersenf im Sandmännchenglas. Senfmehl und Senfsaat zum Würzen, schwarz, gelb oder orientalisch, sind auch im Angebot. Vieles ist hübsch verpackt und mit bunten Schleifen versehen: Säckchen mit Holzlöffeln dekoriert, Körbe mit Produktmischungen in Zellophan und Fensterkartons, die die kleinen Gläser aufgereiht präsentieren. Auch Kochbücher mit tollen Rezepten, Senfblütenhonig und Senflikör warten auf Kundschaft. Im hinteren Teil des Ladens schließt sich ein Senfmuseum an.

Hier erfährt man alles über die Kultivierung der Senfpflanze bis zur Herstellung von Senf, einiges zur Geschichte und Kurioses zum Gebrauch. Schon gewusst, dass Senf heilende Kräfte hat? Bei Rückenschmerzen helfen Senfwickel, ein Fußbad mit Senf fördert die Durchblutung und der Genuss von Senf die Konzentration. Zu bestaunen gibt es unter anderem alte Menagen und eine historische Senfmühle aus dem vorigen Jahrhundert. Mit dem Museumsbesuch lässt sich sogar eine Altstadtführung und -verführung beim Drei-Gänge-Menü im zugehörigen Bautzener Senfrestaurant buchen. Wenn das keine verlockende Idee ist!

TIPP

Einmal im Jahr laden rund 20 Lokale und Bars zu den Bautzener Senfwochen mit kreativen Gerichten ein.

- Bautz'ner Senfladen, Manufaktur und Museum, Fleischmarkt 5, 02625 Bautzen, Tel. 0 35 91/59 71 18, www.bautzener-senfladen.de
- ÖPNV: Ab Bahnhof Bautzen Bus 1, 6, Haltestelle Kornmarkt (400 Meter zu Fuß)

Feinster
Speise-Essig
Feinster
Tafel-Essig
E.&M. BOLLMANNS
Reiner Gärungsessig
FEINSTER
Feinster
Tafelsenf
echter
Senf
Feinster
Tafelsenf
„TONOLI"
SENF
SEIT 1889
Feinster
süß
Sehr geehrte Gäste des
Bautz'ner Senfladen
Museum und Manufaktur!
Feinster
scharf

Lessings Lieblingsplatz

77

Kamenz, die Stadt des berühmten Dichters

In den Straßen und Gassen, auf Plätzen und Schrifttafeln kann man auf Spurensuche gehen, zum Beispiel seinen ehemaligen Schulweg abgehen und zahlreiche Stätten aufsuchen, wo er sich zu Lebzeiten aufgehalten hat. Gotthold Ephraim Lessing, einer der größten Dichter der Aufklärung, ist in seiner Geburtsstadt Kamenz allgegenwärtig. Taufkirche, Museum, Gedenkstätte …

Wenig bekannt ist Lessings Lieblingsplatz, den man auch heute noch aufsuchen kann, um in Gedanken eine Reise ins 18. Jahrhundert zu unternehmen. Es ist eine zauberhafte Ecke, ruhig, abgeschieden und dennoch nicht weit von seinem Elternhaus entfernt. Durch das Portal des Kirchhofs von St. Marien, rechts am Mäuerchen entlang, erreicht man direkt über die Stufen das idyllische Plätzchen. Unter einer alten Akazie steht auf einer kleinen Aussichtsplattform eine Steinbank. An dieser Stelle hat er einst gesessen, der große Dichter, Philosoph und Theologe. So ist es überliefert. Die Atmosphäre atmet Stille und Ruhe aus und verzaubert mit einem herrlichen Blick aufs Herrental. Mit ein wenig Fantasie lässt sich Lessings Gegenwart spüren. Ob er hier seine ersten Gedichte geschrieben hat?

In der Hauptkirche St. Marien hat ihn sein Großvater und Pfarrer der Gemeinde getauft. Auch sein Vater war in dieser Kirche Pfarrer und unterrichtete seinen Sohn in Theologie und Katechismus. Nur wenige Meter entfernt, im heutigen Lessinggässchen, stand Gotthold Ephraims Geburtshaus. Hier wird er auch gespielt haben. Schon in früher Kindheit hat sich Lessing oft an seinen Lieblingsplatz zurückgezogen. Ob an dieser Stelle damals auch so eine steinerne Bank gestanden hat? Die romantische kleine Aussichtsplattform wurde nämlich erst später errichtet. Wie es damals hier war und was Lessing an seinem Lieblingsplatz gedacht haben mag, kann sich jeder selbst ausdenken. Dafür ist der Ort wie geschaffen.

TIPP

Lessings Lieblingsplatz ist ein idealer Ort zum Schmökern in einem Band mit seinen Fabeln oder Gedichten.

● Lessings Lieblingsplatz, Hauptkirche St. Marien, Lessinggässchen, 01917 Kamenz

● ÖPNV: Bahnhof Kamenz (900 Meter zu Fuß)

Schrotholzdorf-Idylle

78

Handwerk und Kulinarik im Erlichthof Rietschen

Nicht wenige Häuser in der Oberlausitz mussten dem Braunkohleabbau weichen. Aber nicht alle fielen einfach so dem Abriss zum Opfer. Über 20 historische Schrotholzhäuser wurden säuberlich abgetragen und in Rietschen wieder aufgebaut. So entstand nach und nach ein Dorf aus wunderschönen Holzhäusern. Eingezogen sind kleine Kunstgewerbewerkstätten und hübsche Läden. Hier finden auch regelmäßig Märkte und Feste statt, bei denen es allerlei zu bestaunen und erwerben gibt. Ein bäuerliches Museumsgehöft erinnert an das ländliche Leben vergangener Zeiten. Stimmungsvoll dekoriert mit allerlei landwirtschaftlichen Gerätschaften, Pumpbrunnen und Keramikkrügen auf den Zaunpfählen, vermittelt es eine beschauliche, heile Welt. In der Keramikscheune wartet robustes Steinzeug-Geschirr auf Abnehmer, und wer möchte, kann sich auch selbst einmal an der Töpferscheibe probieren. Im Webhaus arbeitet Annett Pfaffenbauer an ihrem Handwebstuhl und fertigt unter anderem handgewebte Gardinen nach Maß und passende Tischwäsche. Für alle, denen es beim Zusehen in den Fingern juckt, bietet sie Spinn-, Web- und Bastelkurse an. Fleißig gearbeitet wird auch im Nähstübchen. Nebenan lockt frisch duftendes Brot in die Steinofenbäckerei, wo man dem Bäcker bei der Arbeit an historischen Maschinen und einem altdeutschen Backofen über die Schulter sehen kann. Und da Schokolade bekanntlich glücklich macht, darf auch das große Holzhaus mit der Aufschrift „SchokoLaden" nicht fehlen. Leckere Kräuterweine, Honigartikel und allerlei Produkte aus regionalem Ertrag werden im Naturladen und im Hofladen angeboten.

TIPP

Auch Übernachten und Fahrradausleihe sind möglich. Die Umgebung hat viel zu bieten!

Für Kurzweil sorgt die Theaterscheune, und im Auszeit-Idyll werden Massagen mit vielversprechenden Namen wie „KopfFrei", „Seelen-Streicher" oder „Hawaiianische Tempelmassage", Yoga und Schönheitsprogramme angeboten.

Für das vollkommene Glück kann man noch im urigen Scheunencafé in rustikal-bäuerlichem Ambiente selbst gemachten Kuchen genießen. Wenn das kein toller Abschluss ist!

- Erlichthof Rietschen, Turnerweg 6, 02956 Rietschen, Tel. (03 57 72) 4 02 35 www.erlichthofsiedlung.de
- ÖPNV: Ab Bahnhof Weißwasser Bus 262, Haltestelle Rietschen Gemeindeamt (300 Meter zu Fuß)

Pulver und Bohne

79 Kaffeerösterei und Museumshof in Ebersbach

Kaffeeduft, eine Schar Hühner mit Küken, Palmen, einladende Sitzecken, Bistromöbel, Baumbänke und Hollywoodschaukeln, viel Umgebinde, reichlich Blumenkübel, Futterhäuser an den Bäumen, pickende Spatzen auf den Pflastersteinen und überall Omas Kaffeekannen. Das überrascht jeden Besucher, der den Vierseitenhof von Familie Scholz betritt.

Die einzelnen Häuser wurden zwischen 1782 und 1831 erbaut und stilecht restauriert. In den Umgebindehäusern erwartet die Gäste nicht nur ein urig eingerichtetes Café, sondern auch eine Rösterei und ein Kaffeemuseum. Als die Familie 2005 den Hof erwarb, entstand zunächst die Idee mit dem Museum. Nach und nach wurden alte Kaffeekannen, Wand- und Standmühlen, Kaffeespender, Dröppelminnas und sonstige Kuriositäten gesammelt. Immer wieder gab es Besucher, die alles Mögliche vorbeibrachten, was in das Museum passen könnte. Zum Beispiel ein Buch, das auf Filtertüten gedruckt ist, diverse Stövchen oder Kaffeehauben. An den Deckenbalken des Museums baumeln unzählige Kaffeekannen von überallher. Ganz nebenbei erfährt man, wie Melitta Benz mit dem Löschpapier ihres Sohnes experimentierte und die Filtertüte erfand.

Bei so vielen Informationen über Kaffee möchte man auch gerne welchen trinken. Ehepaar Scholz griff den Wunsch der Gäste auf und richtete eine gemütliche Kaffeestube mit Großmutters Möbeln und Porzellan ein. Beim Kuchenschmaus und Kaffeegenuss erklingen aus dem alten Radio mit eingebautem Plattenspieler Evergreens aus den Fünfzigern.

Wer denkt, Kuchen und Kaffee seien gekauft, der täuscht. Alle Kuchen sind selbst gebacken, zwölf Stück macht Frau Scholz an einem Wochenende. Und der Kaffee, den röstet ihr Mann selbst. Mit seinem Trommelröster bietet er jeden Montag Schaurösten mit Verkostung an. Zehn Sorten stehen, in kleinen und großen Tütchen verpackt, zum Verkauf im Regal. Wem es allzu gut auf dem Hof gefällt, der kann auch bleiben. Zwei zauberhafte Blockstuben gibt es für Übernachtungsgäste, eine in Grün und eine in Blau.

- Kaffeerösterei im Musemshof, Oberer Kirchweg 26, 02730 Ebersbach-Neugersdorf, Tel. (0 35 86) 3 67 72 22, www.spree-museumshof.de
- ÖPNV: Ab Busbahnhof Löbau Bus 30, Haltestelle Ebersbach Goldener Löwe; Bus 50, Haltestelle Ebersbach An der Kirche (200 Meter zu Fuß)

Halte Ordnung, liebe sie,
Ordnung spart dir viele Müh.
Farmer Kaffee
frisch geröstet
Kaffee
Groß-Rösterei

Ich bin der Weg

80

Auf dem Skulpturenpfad in Herrnhut

In Gottes freier Natur – wo lässt sich Spiritualität besser erleben? Ausgehend von der Brüdergemeine Herrnhut, ist der Skulpturenpfad in Richtung Großhennersdorf ausgeschildert. Auf einer Wanderstrecke von sieben Kilometern durch eine wunderschöne Landschaft hat man hier Gelegenheit, an 19 Stationen mit Kunstobjekten zu christlichen Themen haltzumachen und in der Ruhe des Waldes in sich zu gehen. Die Skulpturen widmen sich der Geschichte der Brüder-Unität und der Biografie des Grafen von Zinzendorf.

Bei allen Objekten und Szenen ist der Besucher eingeladen, sich selbst einzubeziehen, in den Schauplatz einzufinden und Teil davon zu werden. Ob beim Lesen eines riesigen aufgeschlagenen Buches, als Zeuge streitender Figuren oder unter Betenden, mittendrin wird jede Station erlebbar. Vier Händepaare leiten das Regenwasser zu einem Apfelbäumchen: ein Symbol, dass die Früchte der gemeinsamen Arbeit allen zuteilwerden. Ein Wasserbecken auf dem Boden und zwei Bänke davor erinnern bei einem Fußbad an die rituelle Fußwaschung.

TIPP

Einkehr auf halber Strecke und Rückweg mit Bus 27 möglich. Büchlein mit Erklärung der Stationen in der Touristinfo.

Besonders beeindruckend sind die weißen lebensgroßen figürlichen Darstellungen, zum Beispiel zwei Frauen, die sich an einer Brücke begegnen und an den Ufern gegenüberstehen. Hier gibt es viel Raum, die Szene zu erleben. An anderer Stelle sitzt eine Frau, in sich gekehrt, auf einer Bank mit Aussicht in die hügelige Weite. Links und rechts der Frau ist noch Platz, um sich neben sie zu setzen und es ihr gleichzutun.

Höhepunkt ist die Skulptur „Das Abendmahl". Dreizehn Steinsitze mit hohen weißen Lehnen sind im Halbkreis angeordnet. Jede Lehne schmückt ein biblisches Symbol. Die höchste Lehne in der Mitte ziert das Opferlamm. Davor ein Tisch mit einem steinernen Kelch und Brot. Auch hier wird der Besucher angeregt, mit der Skulptur zu verschmelzen und in der Abendmahlrunde Platz zu nehmen. Ob gläubig oder nicht, der lohnenswerte Weg mit Stationen für Ruhe, Besinnung und Inspiration im Einklang mit der Natur tut einfach jedem gut.

- Skulpturenpfad Herrnhut, Parkplatz Uttendorfer Weg, 02747 Herrnhut
www.herrnhut.de
- ÖPNV: Ab Bahnhof Herrnhut Bus 27, Haltestelle Zinzendorfplatz
(600 Meter zu Fuß)

Widmung/Dank

Für Peter, der mich beim Schreiben viele Stunden entbehren musste und alle Glücksorte mit mir bereiste. Für meine Familie und meinen Sohn Michael, der alle Ferien hier mit mir verbrachte. Ein besonderer Dank gilt Haiko Spottke, der viele schöne Fotos beigesteuert hat, und an Kerstin für die beste Eierschecke der Welt.

Bibliografische Informationen der Deutschen Nationalbibliothek
Die Deutsche Nationalbibliothek verzeichnet diese Publikation in der Deutschen Nationalbibliografie; detaillierte bibliografische Daten sind im Internet über http://dnb.d-nb.de abrufbar.

Konzeption/Satz: Droste Verlag, Düsseldorf
Einbandgestaltung und Illustrationen: Britta Rungwerth, Düsseldorf, unter Verwendung von Bildern von © Fotolia.com: jd – photodesign.de; © iStock: Plociennik Robert
Fotos: Antje Kluth, außer:
Archiv Erlichthof: S. 163; Art-n-photo, Amelie Jehmlich: S. 123; Ralph Bernhardt, Löbau: S. 9; Bibelland/Lydia Förster: S. 147; Jens Michael Bierke: S. 129; Eiscafé & Conditorei Oberlausitz: S. 83; Mario England: S. 119; Erlebniswelt Krauschwitz: S. 61; Fotofeuerwehr: S. 53; Christian Fuchs: S. 145; Jirka Hofmann: S. 89; Karin Jähne: S. 101; Karl-May-Spiele Bischofswerder/Peter Stürzner: S. 99; Anja Köhler: S. 113; Künstlerische Holzgestaltung Bergmann GmbH: S. 153; Dirk Lienig: S. 15; André Meyer: S. 139; Helmut Meyer zur Capellen: S. 51; Karsten Nitsch: S. 13; Oberlausitzer Mundarttheater e. V.: S. 109; Carsta Off: S. 161; Radeberger Biertheater/Tobias Sauer: S. 43; Daniel Reiche: S. 93; Restaurant Wjelbik GmbH: S. 37; Jens Ruppert: S. 33; SBS BROTH: S. 57; Schaubrennerei Lindner/Paul Glaser: S. 103; Schlesisch-Oberlausitzer Museumsverbund gGmbH/Anja Köhler: S. 127; Uwe Schwarz: S. 155; Sorbisches Kulturzentrum Schleife: S. 65; Haiko Spottke: S. 21, S. 25, S. 31, S. 39, S. 45, S. 59, S. 71, S. 73, S. 77, S. 79, S. 95, S. 117, S. 125, S. 131, S. 133, S. 137, S. 151, S. 159, S. 167; Frank Stein: S. 75; Stiftung Haus Schminke/Ralf Ganter: S. 97; Christine Suckert: S. 143; Peter Thöne: S. 149; Dorothea Tschöke: S. 91; Ricardo Uhlig, www.shootingfieber.de: S. 69; Georg Vesper: S. 47; Siegfried Michael Wagner: S. 19; ZCOM-Stiftung: S. 85

FSC
www.fsc.org
MIX
Papier aus verantwortungsvollen Quellen
FSC® C011279

Druck und Bindung: LUC GmbH, Greven
ISBN 978-3-7700-2297-7

www.droste-verlag.de